# 中国旅游统计年鉴

# THE YEARBOOK OF CHINA TOURISM STATISTICS

# 2002

中华人民共和国国家旅游局
NATIONAL TOURISM ADMINISTRATION OF
THE PEOPLE'S REPUBLIC OF CHINA

# 中国旅游统计年鉴编辑委员会名单



# LIST OF EDITORIAL BOARD OF THE YEARBOOK OF CHINA TOURISM STATISTICS

## 1980～2001年入境旅游人数和国际旅游(外汇)收入
## ANNUAL VISITOR ARRIVALS AND TOURISM RECEIPTS1980-2001

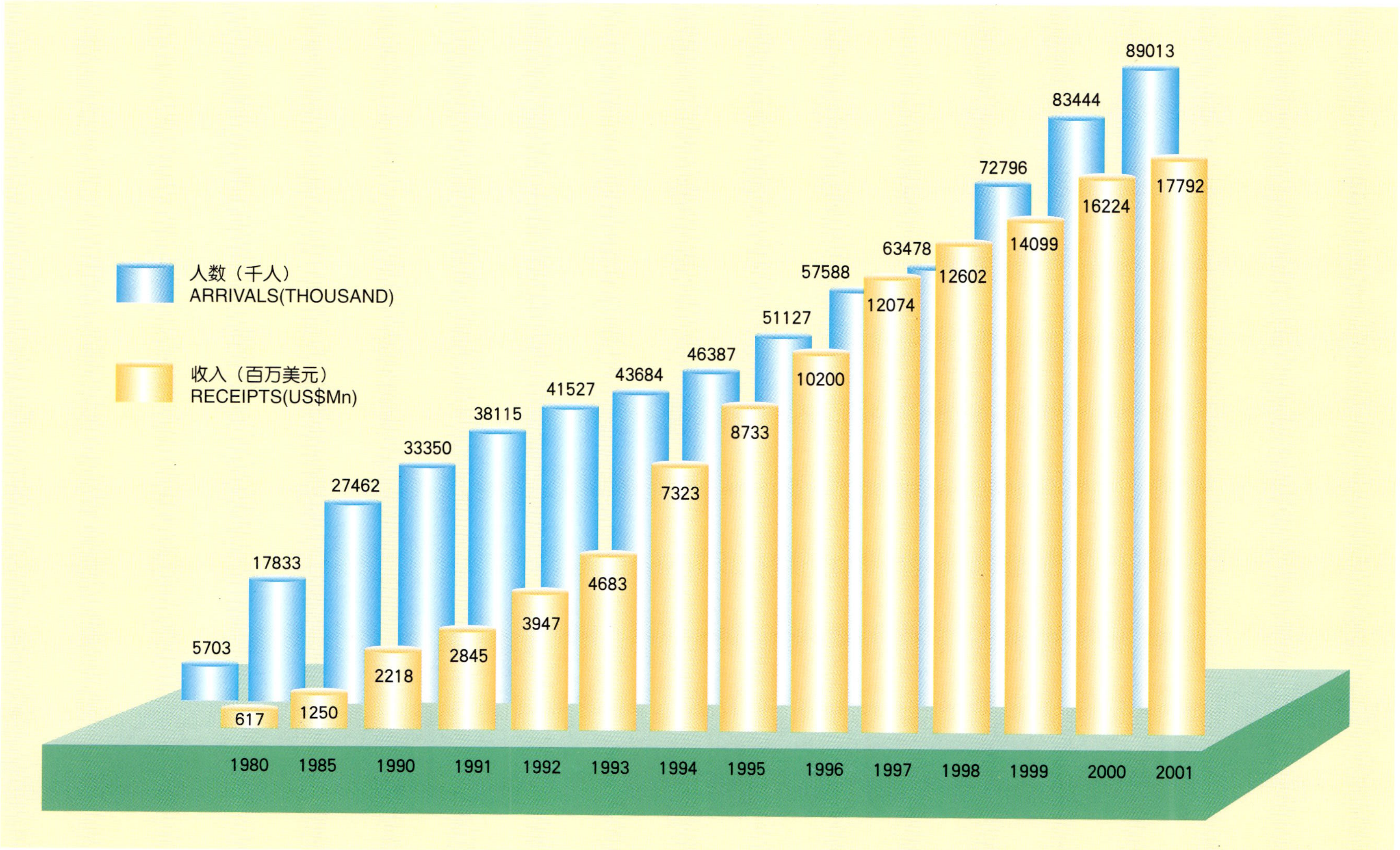

# 1980～2001年入境旅游人数和国际旅游(外汇)收入增长速度

# ANNUAL INCREASING RATES OF VISITOR ARRIVALS AND TOURISM RECEIPTS 1980-2000

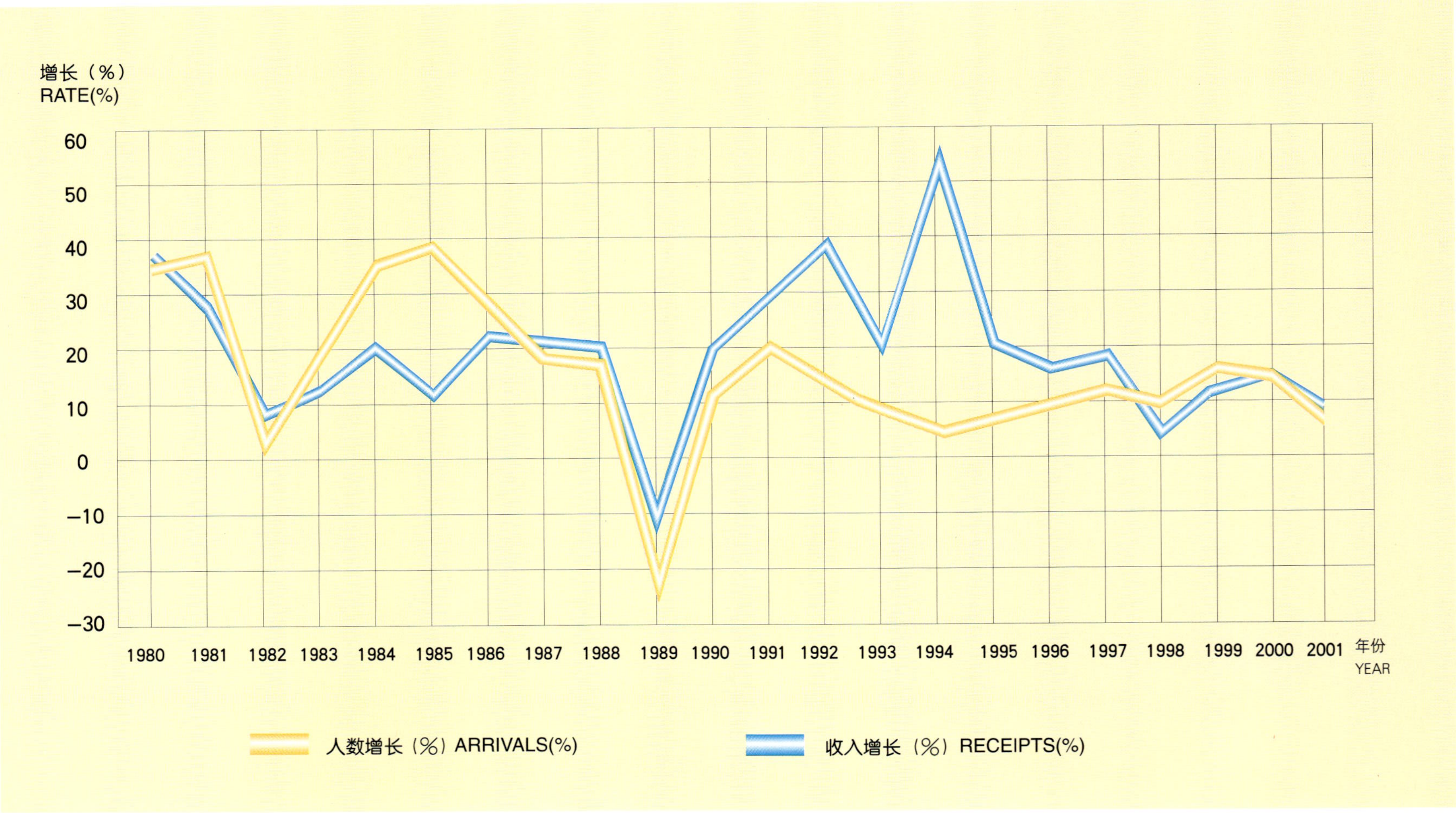

# 2000～2001 年主要国家入境旅游人数
# FOREIGN TOURIST ARRIVALS FROM THE MAIN GENERATING COUNTRIES 2000-2001

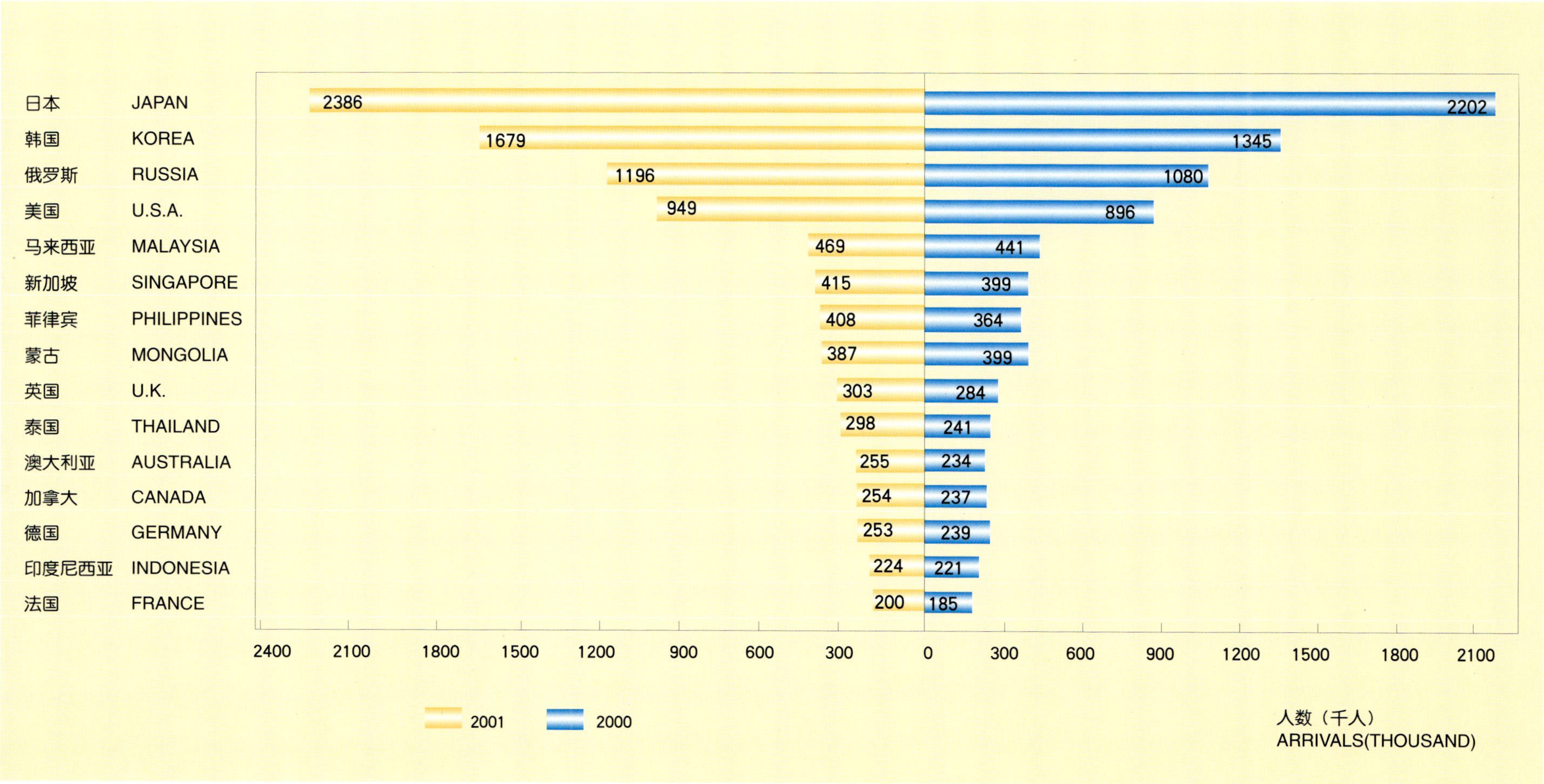

# 1999～2001年各月入境外国旅游者人数

# MONTHLY FOREIGN TOURIST ARRIVALS 1999-2001

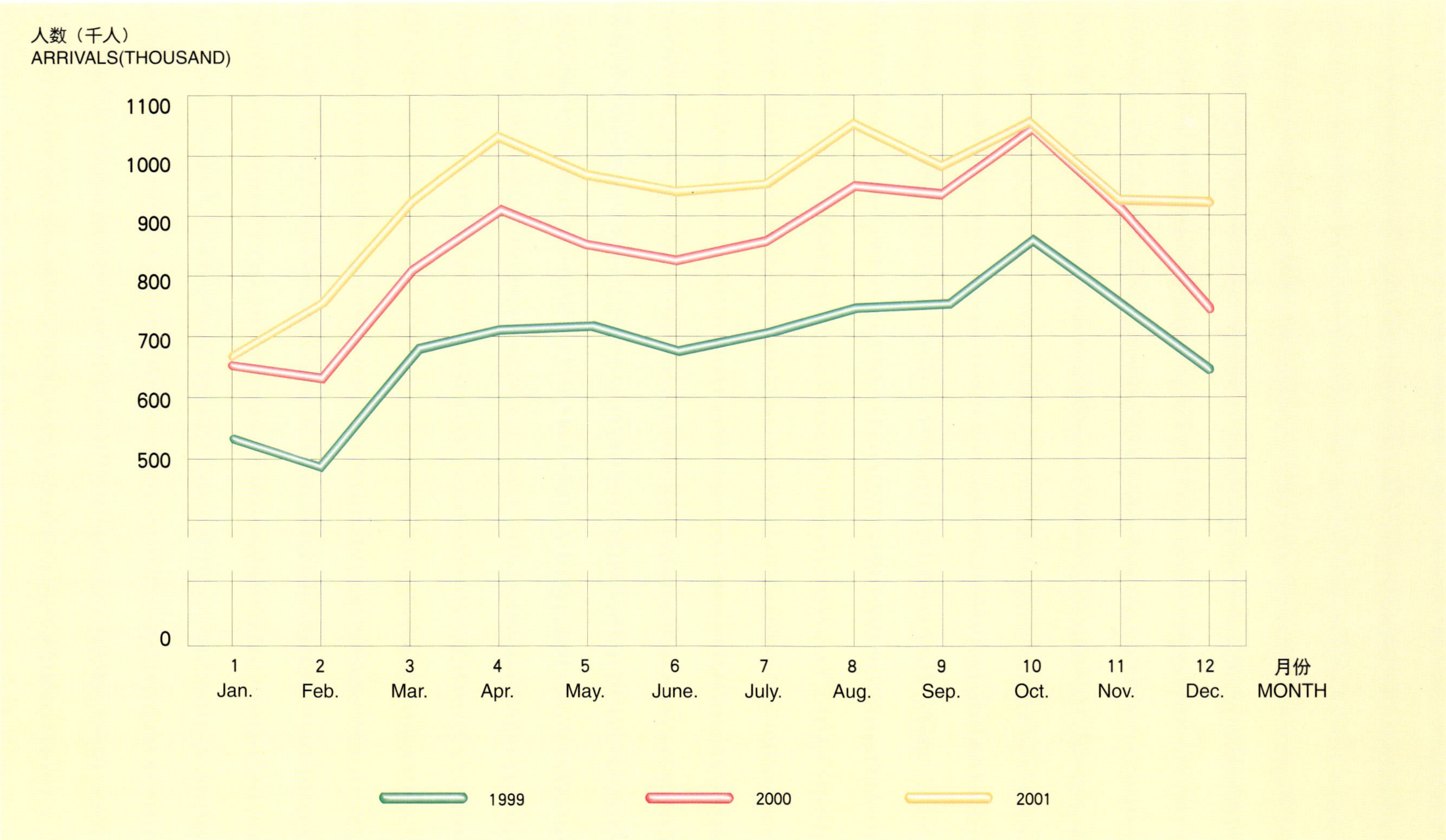

# 2001年主要城市接待入境旅游者人数
# ARRIVALS TO MAJOR CITIES 2001

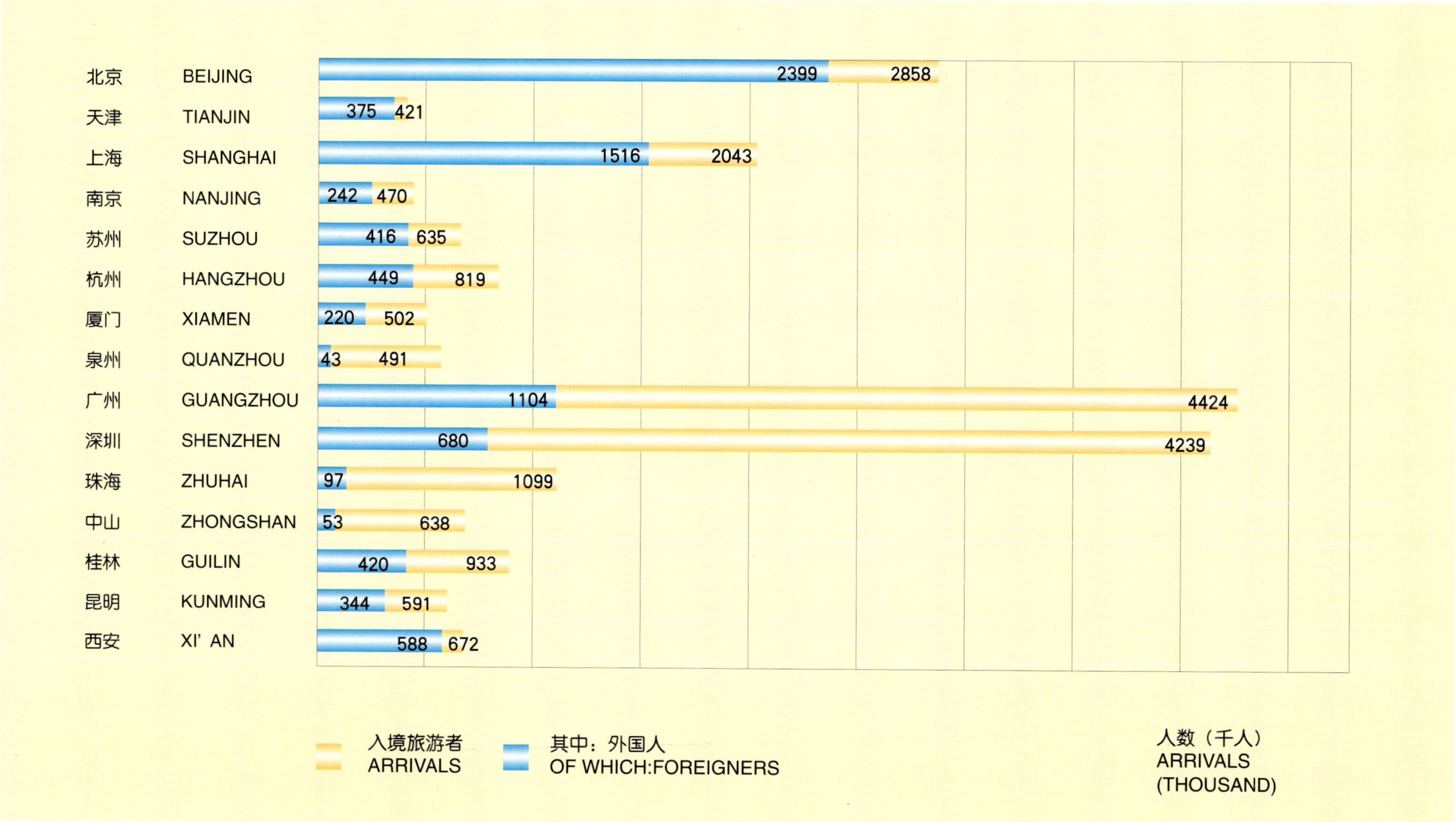

## 2001年入境外国旅游者人数构成（按地区分）
## BREAKDOWN OF FOREIGN TOURIST ARRIVALS BY REGON 2001

## 2001年入境外国旅游者人数构成（按入境方式分）
## BREAKDOWN OF FOREIGN TOURIST ARRIVALS BY MODE OF TRANSPORT 2001

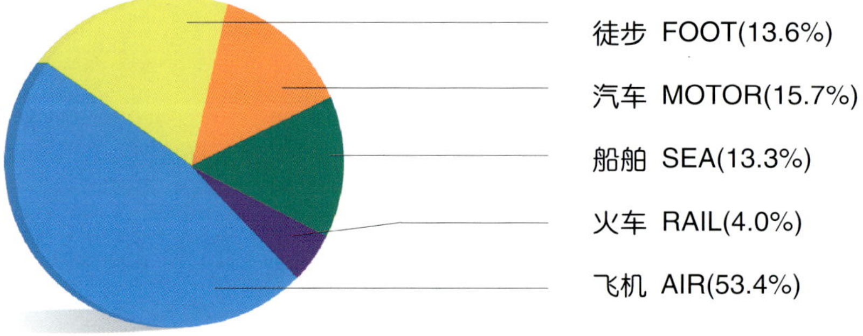

## 2001年入境外国旅游者人数构成(按年龄分)
## BREAKDOWN OF FOREIGN TOURIST ARRIVALS BY AGE 2001

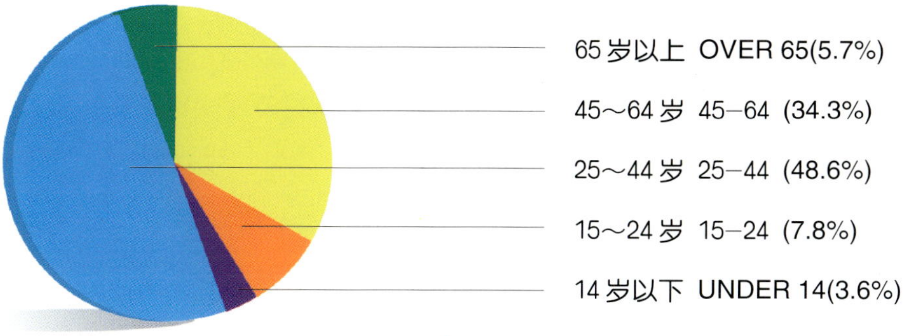


## 2001年入境外国旅游者人数构成(按目的分)
## BREAKDOWN OF FOREIGH TOURIST ARRIVALS BY PURPOSE 2001

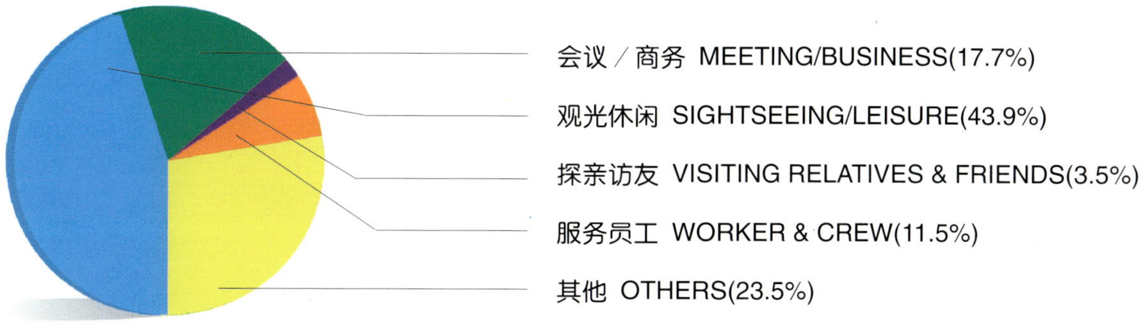

## 2001年国际旅游（外汇）收入构成
## BREAKDOWN OF INTERNATIONAL TOURISM RECEIPTS 2001

## 2001年国际旅游（外汇）收入(按来源分)
## INTERNATIONAL TOURISM RECEIPTS 2001

# 1991—2001年星级饭店数及客房数
# NUMBER OF STAR-RATED HOTELS & ROOMS1991-2001

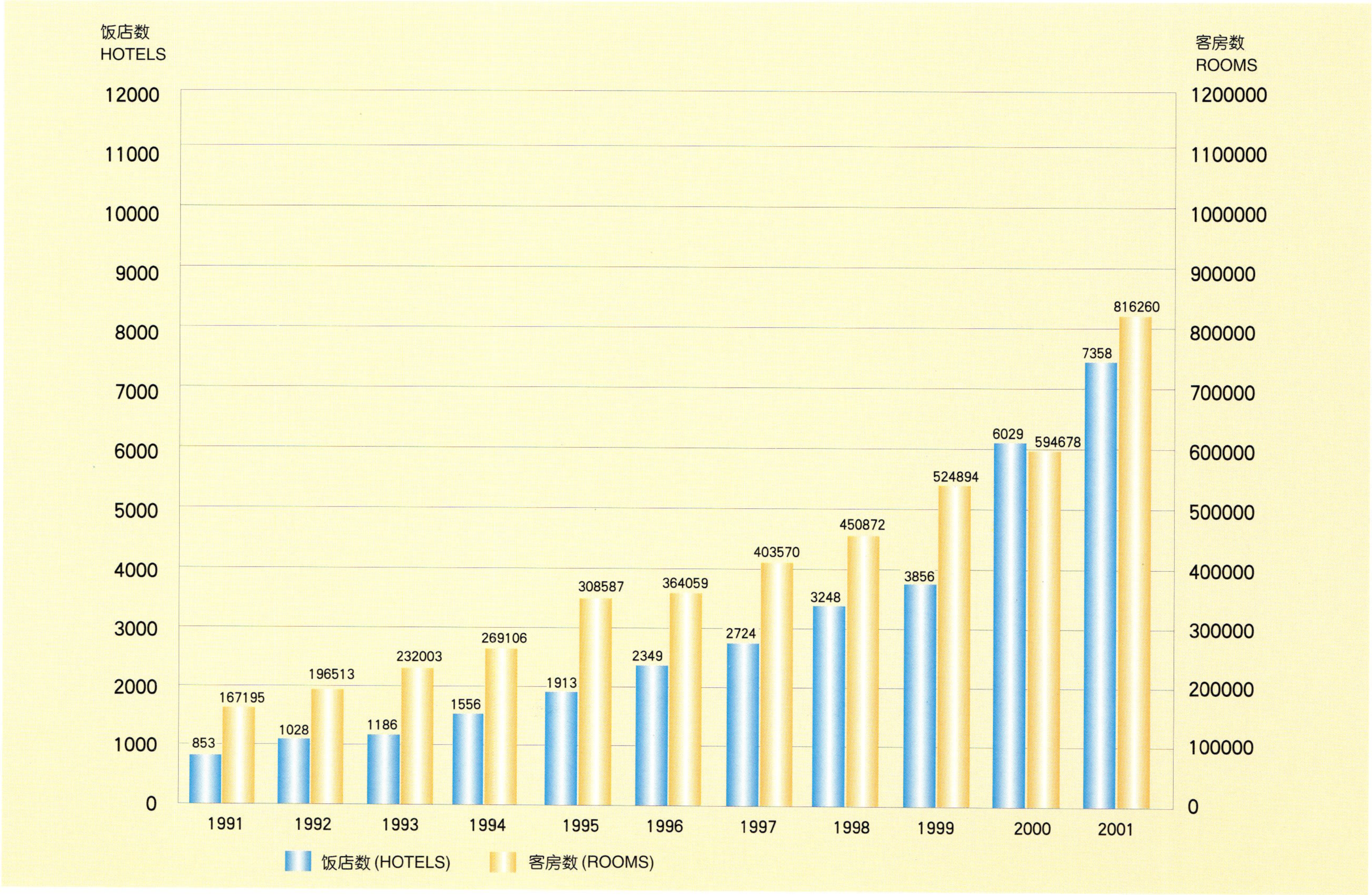

# 2001年不同星级饭店的数量及客房数
# NUMBER OF DIFFERENT STAR-RATED HOTELS & ROOMS2001

# 编 者 说 明

《中国旅游统计年鉴2002》是一本全面反映2001年中华人民共和国旅游业发展情况的资料性年刊。全书为中英文对照版本，内容分为：2001年中国旅游业统计公报和入境旅游人数、入境外国旅游者主要特征、国际旅游(外汇)收入、国内旅游基本情况、地方接待入境旅游者情况、星级饭店基本情况、旅行社基本情况、旅游企事业基本情况等共八个部分的统计资料。

本年鉴所附的《旅游统计基本概念和主要指标解释》，是对主要旅游统计指标的含义、统计范围和统计方法所作的简要说明。

本年鉴资料来源于全国各地旅游部门、统计部门和公安边检等部门。全国统计数据均未包括我国台湾省、香港特别行政区和澳门特别行政区的数字。本年鉴的统计数字是按国家旅游局、国家统计局联合制定的《旅游统计调查制度》规定的口径进行统计和汇总的，个别特殊的地方做了注释和说明。在编辑过程中，我们对2001年各月数字进行了核实、调整，读者在使用时如发现已经公布的统计数字与本年鉴数字不符，则以本年鉴数字为准。

本年鉴是了解中国旅游业2001年发展情况的权威性资料，可供旅游部门、国民经济各有关部门、教学科研单位以及旅游经济的科研人员、大专院校师生使用。海外旅游业同行、有关行业人士以及入境旅游的外国人、港澳台同胞亦可从中得到有关统计信息。本年鉴中凡带有续表的资料，如有注解均加在第一张表下面，请读者使用时注意。表中有“#”号者表示为该栏的主要项或其中项；有“*”号者表示本表下有注解；空格处表示该项数据不详或以前年份无该项数据。统计表下注有资料来源单位，未注明的均为国家旅游局提供。

中国旅游统计年鉴编委会

二〇〇二年八月

# INTRODUCTION

The Yearbook of China Tourism Statistics for 2002 is a yearly review with information on the overall development of the tourism industry in the People's Republic of China in 2001. Written in English and Chinese, the information in this Yearbook covers eight aspects: Statistics Report on China's Tourism Industry in 2001 and tourist arrivals to China, major profile of international tourists to China, international tourism receipts, domestic tourism, business of different regions, business of Star-rated hotels, business of travel agencies, travel enterprises and non-business institutions.

A note to the Index of Major Statistic Terms is attached at the end of the Yearbook, which gives a brief explanation of the meaning of main toruism statistics, scope and method of data-collecting.

The data of the Yearbook come from the tourism departments, statistical departments, and public security frontier departments throughout the country. The statistics of Taiwan Province, Hong Kong Special Administrative Region and Macao Special Administrative Region are not included. All the data are processed and compiled in line with the requirements set forth in the tourism statistics reporting system jointly formulated by the National Tourism Administration and the State Statistics Bureau, and explanatory notes are provided in some special cases. Re-check and re-adjustments have been made to the figures of each month in 2001, and if some inconsistency is found between the published figures and the figures in this Yearbook, the latter should be taken as authentic.

This Yearbook provides authoritative data on the development of China's tourism industry in 2001, which is useful to tourism departments, relevant departments of the national economy, education and research institutes, and students and teachers. The overseas travel trade, relevant people of the industry and foreign tourists to China, compatriots from Hong Kong, Macao and Taiwan can also benefit from this Yearbook.

In the Yearbook, wherever a table is contiuned on the next page, footnotes are given on the first page. The mark "#" denotes headline entry, while the mark "*" leads to footnotes. A blank cell means relevant data unclear or the relevant figure for previous years not available. Sources of the data are acknowledged beneath the table. All the unacknowledged data are provided by the National Tourism Administration.

August, 2002

Editing Committee of

the Yearbook of China Tourism Statistics

# 目　录

# CONTENTS

# 2001年中国旅游业统计公报

## 国 家 旅 游 局

(2002年6月28日)

2001年是中国入境旅游、国内旅游、出境旅游全面发展的一年。全年入境旅游人数达到8901万人次,旅游外汇收入达178亿美元;国内旅游人数达7.84亿人次,国内旅游收入达3522亿元人民币;旅游业总收入达到4995亿元,相当于当年国内生产总值的5.2%,比上年提高了0.15个百分点。旅游业作为国民经济新的增长点的地位得到了进一步巩固和发展。

### 一、入境旅游业实绩

2001年,在世界旅游业因发生在美国的"9·11"恐怖事件影响,从而出现负增长的不利形势下,中国入境旅游市场继续全面增长:

——入境旅游人数达8901.29万人次,比上年增长6.7%,其中:外国人1122.64万人次,比上年增长10.5%;香港同胞5856.85万人次,与上年持平;澳门同胞1577.61万人次,比上年增长36.7%;台湾同胞344.20万人次,比上年增长10.7%。

——入境过夜旅游人数达3316.67万人次,比上年增长6.2%,继续居世界第5位。在入境过夜旅游者中,外国人894.35万人次,比上年增长10.4%;港澳同胞2121.98万人次,比上年增长4.3%;台湾同胞300.34万人次,比上年增长10.7%。

——国际旅游(外汇)收入达177.92亿美元,比上年增长9.7%,首次跃居世界第5位。

### 二、国内旅游业实绩

2001年,国内旅游继续保持兴旺发达的局面,随着"黄金周"旅游的制度化和规范化,形成了热点地区扩张、旅游旺季前"推"后"延"等新特点,在拉动内需、刺激消费、带动相关产业发展、提高人民生活质量方面发挥了突出作用。

——全国国内旅游人数达7.84亿人次,比上年增长5.3%。其中:城镇居民3.74亿人次,农民4.10亿人次。

——全国国内旅游收入3522.37亿元人民币,比上年增长10.9%。其中:城镇居民旅游消费2651.68亿元,农民旅游消费870.69亿元。

——全国国内旅游出游人均花费449.5元,比上年增长5.3%。其中:城镇居民国内旅游出游人均花费708.3元,农村农民国内旅游出游人均花费212.7元。

——在春节、"五一"、"十一"三个"黄金周"中,全国共接待国内旅游者1.83亿人次,实现旅游收入736亿元。

## 三、旅游业产业规模及从业人员

根据本年度对国内旅游住宿设施(不包括星级饭店)抽样调查的结果,结合对全国星级饭店和旅行社等经营单位的全面统计,到2001年末,全国共有各类旅游企事业单位29.11万个,比上年增长8.5%。其中:旅游住宿设施27.47万个(包括:星级饭店0.74万个,尚未评定星级的饭店0.41万个;社会旅馆8.11万个,个体旅馆18.21万个);旅行社10532个;主要旅游景点和旅游车船公司等其他旅游企业5870个。

——到2001年末,全国旅游业共拥有固定资产原值7791.91亿元,比上年末增长20.4%。其中:旅游住宿设施6614.37亿元,占84.9%(星级饭店2153.62亿元,社会旅馆(包括未评星饭店)4053.04亿元、个体旅馆407.71亿元);旅行社415.47亿元,占5.3%;主要旅游景点和旅游车船公司等其他企事业单位762.06亿元,占9.8%。

——到2001年末,全国旅游业直接从业人员597.72万人,比上年末增长6.0%。其中:旅游住宿设施502.28万人(星级饭店105.21万人,社会旅馆345.74万人,个体旅馆51.34万人),占84.0%;旅行社19.24万人,占3.2%;主要旅游景区(点)和旅游车船公司等其他企事业单位76.20万人,占12.7%。全国旅游业间接从业人员约为2980万人。

## 四、入境旅游客源市场情况

### 1. 外国市场

2001年,外国入境旅游人数再创历史新高。全年入境外国游客1122.64万人次,比上年增长10.5%。

——洲内市场增幅达到两位数。亚洲各国入境旅游总人数比上年增长12.2%,占入境外国人总数的62.2%,市场份额比上年提高0.9个百分点。其中:韩国、泰国、巴基斯坦、印度、尼泊尔等市场的增幅均在20%以上。作为中国第一大客源市场的日本,继续保持旺盛增长态势,入境旅游人数达238.57万人,比上年增长8.4%;作为中国第二大客源市场的韩国,全年入境旅游人数达167.88万人,比上年增长24.9%。

——洲际市场的增幅也较大。欧洲、美洲、大洋洲客源分别比上年增长8.4%、5.0%和9.9%;俄罗斯、荷兰、葡萄牙、新西兰等国家的入境人数实现了两位数增长,增幅分别为10.7%、22.3%、17.8%、18.0%。

——2001年,入境旅游外国人在境内的平均停留天数为7.1天,比上年提高0.1天;人均天花费为156.77美元,比上年提高11.7美元。

15个主要客源国2001年的入境旅游人数和增长情况如下:

| 序号 | 国家 | 入境旅游人数(万人) | 比上年增长(%) |
|---|---|---|---|
| 1 | 日本 | 238.57 | 8.4 |
| 2 | 韩国 | 167.88 | 24.8 |
| 3 | 俄罗斯 | 119.62 | 10.7 |
| 4 | 美国 | 94.92 | 5.9 |
| 5 | 马来西亚 | 46.86 | 6.3 |
| 6 | 新加坡 | 41.50 | 3.9 |
| 7 | 菲律宾 | 40.80 | 12.1 |
| 8 | 蒙古 | 38.71 | -3.0 |
| 9 | 英国 | 30.25 | 6.6 |
| 10 | 泰国 | 29.84 | 23.8 |
| 11 | 澳大利亚 | 25.51 | 9.0 |
| 12 | 加拿大 | 25.39 | 7.3 |
| 13 | 德国 | 25.34 | 6.0 |
| 14 | 印度尼西亚 | 22.42 | 1.6 |
| 15 | 法国 | 19.95 | 7.9 |

**2.港澳台地区市场**

——2001年,香港市场入境人数为5856.85万人次,比上年增长0.01%,基本持平。其中:过夜旅游者1866.98万人次,比上年增长0.9%,占31.9%;一日游人数3989.87万人次,比上年减少0.4%,占68.1%。

——2001年,澳门市场继续保持强劲增长,入境人数达1577.61万人次,比上年增长36.7%。其中:过夜旅游者255.00万人次,比上年增长39.1%,占16.2%;一日游人数1322.61万人次,比上年增长36.3%,占83.8%。

——2001年，台湾市场继续保持两位数增长，全年入境人数达344.20万人次，比上年增长10.7%。

## 五、各省、自治区、直辖市入境旅游接待与收入情况

——2001年，全国各省、自治区、直辖市接待的入境旅游者总计为3416.02万人次，比上年增长9.8%。接待量超过30万人次的有广东、北京、上海、江苏、福建、浙江、广西、云南、山东、陕西、辽宁、湖北、黑龙江、四川、湖南、海南、河北、天津、内蒙古、安徽、河南、重庆等22个省(区、市)。广东接待入境旅游者1292.38万人次，继续居全国第一位。

——2001年，全国各省、自治区、直辖市接待的外国旅游者总计为1630.06万人次，比上年增长11.0%。接待量超过20万人次的有广东、北京、上海、江苏、浙江、云南、陕西、辽宁、山东、黑龙江、广西、湖北、福建、内蒙古、河北、天津、四川、吉林、重庆、新疆等20个省(区、市)。广东接待外国旅游者240.37万人次，跃居全国第一位。

——2001年，国际旅游(外汇)收入超过1亿美元的有广东、北京、上海、福建、江苏、浙江、辽宁、山东、云南、陕西、广西、天津、湖南、黑龙江、湖北、四川、重庆、河北、内蒙古、河南、海南、安徽等22个省(区、市)，比上年增加1个。广东省的旅游(外汇)收入达44.84亿美元，继续居全国第一位。按外汇收入多少排列，31个省、自治区、直辖市的具体情况是：

| 序号 | 地区 | 国际旅游(外汇)收入(万美元) | 增长(%) | 接待入境旅游人数(万人次) | 增长(%) |
|---|---|---|---|---|---|
| 1 | 广东 | 448 351 | 9.0 | 1 292.38 | 7.8 |
| 2 | 北京 | 294 599 | 6.4 | 285.79 | 1.3 |
| 3 | 上海 | 180 771 | 12.1 | 204.26 | 12.6 |
| 4 | 福建 | 94 202 | 5.4 | 163.48 | 1.3 |
| 5 | 江苏 | 82 202 | 13.6 | 183.71 | 14.14 |
| 6 | 浙江 | 69 889 | 36.0 | 146.91 | 30.48 |
| 7 | 辽宁 | 46 303 | 21.1 | 72.42 | 18.29 |
| 8 | 山东 | 38 241 | 21.4 | 82.87 | 14.59 |
| 9 | 云南 | 36 701 | 8.3 | 113.13 | 13.0 |
| 10 | 陕西 | 30.871 | 10.2 | 75.92 | 6.5 |
| 11 | 广西 | 30 063 | -2.0 | 126.72 | 3.1 |
| 12 | 天津 | 28 017 | 20.9 | 42.14 | 18.3 |
| 13 | 湖南 | 27 070 | 22.6 | 50.46 | 11.13 |

| | | | | | |
|---|---|---|---|---|---|
| 14 | 黑龙江 | 24 990 | 32.2 | 61.23 | 11.0 |
| 15 | 湖　北 | 20 075 | 37.8 | 66.78 | 48.14 |
| 16 | 四　川 | 16 579 | 36.0 | 57.48 | 24.4 |
| 17 | 重　庆 | 16 341 | 18.1 | 31.33 | 17.7 |
| 18 | 河　北 | 15 661 | 10.4 | 44.46 | 7.3 |
| 19 | 内蒙古 | 13 740 | 8.7 | 39.99 | 2.0 |
| 20 | 河　南 | 13 336 | 7.6 | 36.56 | 12.5 |
| 21 | 海　南 | 10 602 | -2.6 | 45.68 | -6.2 |
| 22 | 安　徽 | 10 568 | 22.6 | 38.09 | 19.6 |
| 23 | 新　疆 | 9 856 | 3.8 | 27.30 | 6.6 |
| 24 | 吉　林 | 7 579 | 30.6 | 27.18 | 22.0 |
| 25 | 江　西 | 7 030 | 12.8 | 19.63 | 20.4 |
| 26 | 贵　州 | 6 873 | 12.8 | 20.55 | 11.7 |
| 27 | 山　西 | 5 947 | 19.2 | 19.78 | 19.7 |
| 28 | 西　藏 | 4 638 | -11.3 | 12.71 | -15.3 |
| 29 | 甘　肃 | 4 481 | -18.0 | 22.26 | 4.5 |
| 30 | 青　海 | 902 | 25.3 | 3.97 | 21.8 |
| 31 | 宁　夏 | 273 | 0.5 | 0.87 | 11.4 |

## 六、主要城市入境旅游接待与收入情况

——2001年，接待入境旅游者人数超过20万人次的城市有广州、深圳、北京、上海、珠海、桂林、杭州、西安、中山、苏州、昆明、厦门、泉州、南京、大连、天津、无锡、成都、青岛、福州、重庆、武汉、宁波、黄山、长沙、汕头等26个，比上年增加2个；另有三亚、延边、哈尔滨、郑州、沈阳、乌鲁木齐、承德、秦皇岛、烟台、海口、洛阳等11个城市的接待人数超过10万人次。这些主要旅游城市，共接待入境旅游者2686.06万人次，占全国接待入境旅游者总人次数的78.6%。

——2001年，接待外国旅游者人数超过10万人次的城市有北京、上海、广州、深圳、西安、杭州、桂林、苏州、天津、大连、昆明、青岛、南京、武汉、厦门、重庆、无锡、成都、延边、宁波、秦皇岛、乌鲁木齐、沈阳、哈尔滨、福州、承德、黄山、长沙、郑州等29个，比上年增加3个。

——2001年，国际旅游(外汇)收入超过1亿美元的城市有北京、上海、广州、深圳、珠海、杭州、厦门、大连、泉州、西安、天津、南京、苏州、福州、桂林、青岛、中山、重庆、昆明、武汉、无锡、成都、长沙等23个，比上年增加2个；另有沈阳、汕头、烟台、乌鲁木齐、宁波、哈尔滨、秦皇岛、南通、三亚、郑州、黄山等11个城市的国际

旅游(外汇)收入超过5000万美元。北京市的国际旅游(外汇)收入达29.46亿美元,居全国城市第一位。按外汇收入多少排列,23个旅游创汇大市的具体情况是:

| 序号 | 城市 | 国际旅游(外汇)收入(万美元) | 增长(%) | 接待入境旅游人数(万人次) | 增长(%) |
|---|---|---|---|---|---|
| 1 | 北京 | 294 599 | 6.4 | 285.79 | 1.3 |
| 2 | 上海 | 180 771 | 12.1 | 204.26 | 12.6 |
| 3 | 广州 | 165 168 | 9.7 | 442.37 | 5.1 |
| 4 | 深圳 | 151 056 | 6.6 | 423.87 | 6.6 |
| 5 | 珠海 | 43 380 | 10.1 | 109.91 | 12.8 |
| 6 | 杭州 | 37 300 | 27.5 | 81.94 | 15.9 |
| 7 | 厦门 | 31 077 | 3.9 | 50.23 | 5.8 |
| 8 | 大连 | 30 422 | 29.9 | 43.33 | 30.0 |
| 9 | 泉州 | 29 781 | 17.1 | 49.08 | 1.0 |
| 10 | 西安 | 29 002 | 11.5 | 67.20 | 4.9 |
| 11 | 天津 | 28 017 | 20.9 | 42.14 | 18.3 |
| 12 | 南京 | 24 377 | 10.3 | 46.98 | 12.1 |
| 13 | 苏州 | 23 418 | 16.3 | 63.50 | 12.1 |
| 14 | 福州 | 23 362 | 5.4 | 31.88 | −0.5 |
| 15 | 桂林 | 20 889 | −8.1 | 93.26 | −1.85 |
| 16 | 青岛 | 17 751 | 24.9 | 32.34 | 24.1 |
| 17 | 中山 | 17 331 | 18.0 | 63.82 | 3.2 |
| 18 | 重庆 | 16 341 | 18.1 | 31.33 | 17.7 |
| 19 | 昆明 | 15 824 | 15.4 | 59.08 | 13.6 |
| 20 | 武汉 | 12 140 | 23.3 | 28.59 | 29.0 |
| 21 | 无锡 | 11 774 | 20.3 | 34.56 | 21.8 |
| 22 | 成都 | 11 641 | 45.0 | 34.51 | 33.3 |
| 23 | 长沙 | 10 823 | 27.9 | 22.86 | 41.3 |

## 七、全国星级饭店的规模和经营情况

2001年,全国星级饭店的总体规模与上年相比有明显扩大,平均客房出租率和营业收入也有相应增长。

——到2001年末,全国共有星级饭店7358家,比上年末增加1329家,增长

22.4%;客房81.63万间,增加22.15万间,增长37.26%;床位153.31万张,增加38.83万张,增长33.92%。

——到2001年末,全国星级饭店共拥有固定资产原值2153.62亿元,比上年末增长25.42%。

——2001年,全国星级饭店的全年平均客房出租率达58.45%,比上年提高了0.87个百分点。

——2001年,全国7358家星级饭店营业收入总额763.32亿元,比上年增长26.44%;上缴营业税39.66亿元,比上年增长28.81%;全员劳动生产率7.26万元/人,比上年降低5.3%。

——全国4339家国有星级饭店,2001年共实现营业收入316.98亿元;上缴营业税16.89亿元;全员劳动生产率5.78万元/人。

——全国外商和港澳台客商投资兴建的592家星级饭店,2001年共实现营业收入248.87亿元;上缴营业税12.26亿元;全员劳动生产率13.12万元/人。

——在7358家星级饭店中:五星级饭店129家,比上年末增加12家;四星级饭店441家,增加89家;三星级饭店2287家,增加388家;二星级饭店3748家,增加687家;一星级饭店753家,增加153家。

——2001年全国星级饭店规模及其经营情况,具体如下:

| | 饭店数(家) | 客房数(万间) | 床位数(万张) | 营业收入(亿元) | 客房出租率(%) |
|---|---|---|---|---|---|
| 合　　计 | 7 358 | 81.63 | 153.31 | 763.32 | 58.45 |
| 按经济类型划分 | | | | | |
| 国有经济 | 4 339 | 42.83 | 84.93 | 316.98 | 55.13 |
| 集体经济 | 790 | 6.38 | 11.77 | 42.19 | 59.25 |
| 股份合作企业 | 115 | 4.24 | 5.81 | 15.96 | 60.71 |
| 联营企业 | 97 | 1.02 | 1.93 | 10.85 | 57.44 |
| 有限责任公司 | 477 | 5.00 | 9.19 | 48.81 | 62.38 |
| 股份有限公司 | 276 | 3.84 | 6.98 | 46.14 | 64.73 |
| 私营企业 | 351 | 2.77 | 5.37 | 12.83 | 56.52 |
| 其他内资企业 | 321 | 2.95 | 5.54 | 20.68 | 59.42 |
| 港澳台商投资企业 | 324 | 6.78 | 11.70 | 135.91 | 64.65 |
| 外商投资企业 | 268 | 5.82 | 10.07 | 112.96 | 64.15 |
| 按规模划分 | | | | | |
| 客房数在500间以上 | 94 | 12.63 | 19.12 | 119.94 | 66.98 |
| 客房数在300～499间 | 283 | 10.27 | 17.88 | 148.66 | 63.64 |

| | | | | | |
|---|---|---|---|---|---|
| 客房数在200～299间 | 560 | 13.42 | 24.85 | 144.02 | 60.97 |
| 客房数在100～199间 | 1 917 | 26.38 | 52.35 | 198.25 | 59.61 |
| 客房数在99间以下 | 4 504 | 18.92 | 39.10 | 152.46 | 51.74 |
| 按饭店星级划分 | | | | | |
| 五星级 | 129 | 5.03 | 7.77 | 149.66 | 65.12 |
| 四星级 | 441 | 10.61 | 19.13 | 180.61 | 64.96 |
| 三星级 | 2 287 | 32.74 | 60.56 | 282.96 | 60.34 |
| 二星级 | 3 748 | 29.47 | 58.17 | 140.12 | 53.35 |
| 一星级 | 753 | 3.77 | 7.68 | 9.97 | 46.33 |

## 八、旅行社的规模和经营情况

2001 年，我国旅行社总量和规模继续扩大，接待人数和盈利水平比上年有较大增长。据旅行社年检资料统计：

——到 2001 年末，全国共有旅行社 10532 家，比上年末增加 1539 家。其中：国际旅行社 1310 家，比上年末增加 42 家；国内旅行社 9222 家，比上年末增加 1497 家。

——到 2001 年末，全国旅行社资产总额 415.47 亿元；各类旅行社共实现营业收入 589.80 亿元，比上年增长 25.5%；实际缴纳税金 7.63 亿元，下降 4.6%；实现利润总额 12.28 亿元，比上年增长 17.6%。

——2001 年，全国国际旅行社共招徕入境旅游者 783.44 万人次、3136.82 万人天，分别比上年增长 24.7%和 26.2%；经旅行社接待的入境旅游者为 1453.64 万人次、3275.84 万人天，分别比上年增长 27.1%和 24.6%。

——2001 年，全国旅行社共组织国内过夜旅游者 3516.17 万人次、9461.87 万人天，分别比上年增长 32.0%和 41.0%；经旅行社接待的国内过夜旅游者为 5894.39 万人次、10266.48 万人天，分别比上年增长 38.0%和 34.6%。

## 九、出境旅游情况

2001 年，中国出境旅游市场继续有计划、有组织地稳步发展，中国已成为亚洲地区增长较快的新兴客源输出国。

——2001 年，中国公民出境人数达到 1213.31 万人次，比上年增长 15.9%。其中：因公出境人数为 518.77 万人次，比上年增长 7.2%；因私出境人数为 694.54 万人次，比上年增长 23.3%。中国公民出境第一站按人数排序，列前十位的国家和地区依次是：香港、澳门、泰国、日本、俄罗斯、韩国、美国、新加坡、朝鲜、澳大利亚；2001年首站前往香港、澳门、台湾地区和韩国、菲律宾、马来西亚、印尼、美国、加拿大、德国、法国、英国、澳大利亚和新西兰等国家的人数，较上年均有两位数的增长。

——2001年，经旅行社组织出境旅游的总人数为369.53万人次，比上年减少60.72万人次，下降14.1%。其中：组织出国游152.02万人次，比上年增长27.4%；组织港澳游127.97万人次，比上年下降28.3%；组织边境游89.54万人次，比上年下降32.4%。

## 十、旅游教育培训情况

——到2001年末，全国共有高等旅游院校及开设旅游系（专业）的普通高等院校311所，比上年增加59所，在校学生10.22万人，比上年增加2.86万人；中等职业学校841所，比上年减少102所，在校学生24.05万人，比上年减少1.38万人。两项合计，旅游院校总数为1152所，在校学生为34.28万人。

——2001年，全行业在职人员培训总量达97.88万人次，比上年增加19.62万人次，增长25.1%。

# Statistics Report on China's Tourism Industry in 2001

China National Tourism Administration
June 28, 2002

The year 2001 saw the all - round growth of China's inbound tourism, domestic tourism and the outbound tourism. In 2001, the total tourist arrivals reached 89.01 million person / times, and the foreign exchange income generated from the international tourism registered US $ 17.8 billion. In 2001, China's domestic tourism numbered 784 million person /times, and the income generated totaled 352.2 billion Chinese RMB yuan. In 2001, the total income of China's tourism industry amounted to 499.5 billion Chinese RMB yuan, equivalent to 5.2 percent of the country's GDP of the year, with an increase of 0.15 percent over the percentage of the previous year. The role of tourism as a new growth point of the national economy has been further strengthened and developed.

## 1. Inbound Tourism

In 2001, China's inbound tourism maintained its growth momentum under the unfavorable circumstances that the world tourism suffered from a downturn as a result of the September 11th Terrorist Attack in the United States.

——The total number of overseas arrivals to China was 89.0129 million, a 6.7 percent increase over the previous year, in which 11.2264 million were made by foreigners, a 10.5 percent increase over the previous year; 58.5685 million by compatriots from Hong Kong SAR, almost the same as that of last year, 15.7761 million by compatriots from Macao SAR, a 36.7 percent increase over the previous year; and 3.4420 million by compatriots from Taiwan Province, a 10.7 percent increase over the previous year.

——The total number of overnight tourists to China was 33.1667 million, up 6.2 percent over the previous year, maintaining the fifth in the world. Of the total overnight tourists 8.9435 million were foreigners, a 10.4 percent increase; 21.2198 million were compatriots from Hong Kong SAR and Macao SAR, increasing by 4.3 percent, and 3.0034 million were compatriots from Taiwan Province, up 10.7 percent over the previous year.

——The total of China's international tourism receipts amounted to US $ 17.792 billion, up 9.7 percent over the previous year, ranking the fifth in the world for the first time.

## 2. Domestic Tourism

In 2001, China's domestic tourism continued to thrive. As the "Golden Weeks" tourism became systemized and normalized, the popular tourist areas expanded quickly and the period of high travel seasons also extended, beginning earlier and lasting longer. The "Golden Weeks" played an important part in stimulating domestic demand and consumption, driving tourism-related economic sectors and improving the living quality of the people.

——The number of domestic tourists totaled 784 million, up 5.3 percent over the previous year, in which 374 million were urban residents and 410 million were rural residents.

——The total income of domestic tourism amounted to 352.237 billion yuan, up 10.9 percent over the previous year, in which 265.168 billion yuan were spent by urban residents and 87.069 billion yuan spent by rural residents.

——The average domestic tourism expenditure per capita was 449.5 yuan, an increase of 5.3 percent over the previous year, of which the average expenditure by urban residents was 708.3 yuan per person and the average spending by rural residents was 212.7 yuan.

——The domestic tourists totaled 183 million and the domestic income reached 73.6 billion yuan during three "Golden Weeks" of the Chinese Spring Festival, Labour Day and National Day.

## 3. Scale of Tourism Industry and Number of Employees

According to the results of the sample survey on domestic tourist accommodation establishments (excluding star-rated hotels), and the statistics of Star-rated Hotels and travel agencies in 2001, there were 291.1 thousand travel-related business enterprises and non-business tourism institutions in China, up 8.5 percent over the previous year by the end of year. Of the above figure, 274.7 thousand were accommodation establishments (including 7.4 thousand star-rated hotels, 4.1 thousand non-star-rated hotels, 81.1 thousand domestic tourist hotels and 182.1 thousand private-owned hotels); 10,532 were travel companies; and 5870 were coach and cruise companies and major scenic spots companies.

——By the end of 2001, the total original value of fixed assets possessed by China's tourism industry was worth of 779.191 billion yuan, a 20.4 percent increase over the previous year, of which 661.437 billion yuan came from tourism accommodation, representing 84.9 percent (star-rated hotels worth of 215.362 billion yuan; domestic tourist hotels worth of 405.304 billion yuan; private-owned hotels worth of 40.771 billion yuan; 41.547 billion yuan came from travel agencies, amounting to 5.3 percent; other tourism companies including coach and cruise companies, scenic spots companies and others worth of 76.206 billion yuan, amounting to 9.8 percent.

——By the end of 2001, there were 5.9772 million employees directly involved in tourism industry, a 6.0 percent increase to the previous year. Of the total, 5.0228 million were involved in tourist accommodation establishments, representing 84 percent, (1.0521 million in star-rated hotels, 3.4574 million in domestic tourist hotels and 513.4 thousand in private-owned hotels); 192.4 thousand involved in travel agencies, representing 3.2 percent and 762.0 thousand involved in coach and cruise companies or tourist attractions, representing 12.7 percent. There were also 29.8 million employees indirectly involved in tourism industry.

## 4. Inbound Tourism Market

(1) Foreign Market

In 2001, the foreigner's arrivals to China hit another historic high record. The yearly foreign visitor arrivals totaled 11.2264 million, up 10.5 percent over the previous year.

——Intra-Asian market showed two-digit growth. The total tourist arrivals from Asian countries increased by 12.2 percent, making up 62.2 percent of total inbound foreign arrivals to China. The market share of foreign arrivals was 0.9 percentage points higher over the previous year. The market of the Republic of Korea, Thailand, Pakistan, India and Nepal increased more than 20 percent. As the largest tourist generating market of China, the market of Japan kept growing. Tourist arrivals from Japan were 2.3857 million, up 8.4 percent over the previous year. Tourist arrivals from the Republic of Korea, the second largest market, were 1.6788 million, a 24.9 percent increase over the previous year.

——Cross-continental market also showed great increase. Tourist arrivals from Europe, Americas and Oceania increased by 8.4 percent, 5.0 percent and 9.9 percent respectively. The markets of Russia, Netherlands, Portugal and New Zealand realized the increase by two-digit, increasing by 10.7 percent, 22.3 percent, 17.8 percent and 18.0 percent respectively.

——In 2001, foreign visitors had an average length of stay of 7.1 days, with 0.1 day increase over the previous year. And daily expenditure per capita totaled US$ 156.77, with an increase of $11.7 over the previous year.

The arrivals breakdown from the top 15 tourist generating countries to China in 2001 was shown in the following table.

| Rank | Country | Arrivals (thousand) | Change over 2000 (%) |
|---|---|---|---|
| 1. | Japan | 2 385.7 | 8.4 |
| 2. | ROK | 1 678.8 | 24.8 |
| 3. | Russia | 1 196.2 | 10.7 |
| 4. | U.S.A. | 949.2 | 5.9 |
| 5. | Malaysia | 468.6 | 6.3 |
| 6. | Singapore | 415.0 | 3.9 |
| 7. | Philippines | 408.0 | 12.1 |
| 8. | Mongolia | 387.1 | -3.0 |
| 9. | Britain | 302.5 | 6.6 |
| 10. | Thailand | 298.4 | 23.8 |
| 11. | Australia | 255.1 | 9.0 |
| 12. | Canada | 253.9 | 7.3 |
| 13. | Germany | 253.4 | 6.0 |
| 14. | Indonesia | 224.2 | 1.6 |
| 15. | France | 199.5 | 7.9 |

(2) Hong Kong, Macao and Taiwan Regional Market

——In 2001, the number of the arrivals from Hong Kong SAR is 58.5685 million, up 0.01 percent over the previous year, almost the same as that of last year, among these arrivals,

18.6698 million were overnight tourists, up 0.9 percent, composing 31.9 percent and 39.8987 million were same-day visitors, down 0.4 percent, making up 68.1 percent of this market.

——In 2001, the market of Macao SAR kept growing, with inbound tourist of 15.7761 million, up 36.7 percent over the previous year, among which 2.55 million were overnight tourists, up 39.1 percent over the previous year, composing 16.2 percent and 13.2261 million were same-day visitors, up 36.3 percent, making up 83.8 percent of this market.

——In 2001, the market of Taiwan Province kept its two-digit growth rate. Tourist arrivals from Taiwan Province were 3.442 million, up 10.7 percent over the previous year.

## 5. Inbound Tourist Arrivals and Receipts by Provinces, Autonomous Regions and Municipalities

——In 2001, inbound tourists received by all the provinces, autonomous regions and municipalities totaled 34.1602 million, up 9.8 percent over the previous year. There were 22 provinces, autonomous regions and municipalities receiving more than 300 thousand visitors. They were Guangdong, Beijing, Shanghai, Jiangsu, Fujian, Zhejiang, Guangxi, Yunnan, Shandong, Shaanxi, Liaoning, Hubei, Heilongjiang, Sichuan, Hunan, Hainan, Hebei, Tianjin, Inner Mongolia, Anhui, Henan and Chongqing. Guangdong Province continued to rank the first nationwide with 12.9238 million overseas visitors received.

——In 2001, the number of foreign visitor arrivals was 16.3006 million, up 11 percent over the previous year. There were also 20 provinces, autonomous regions and municipalities receiving more than 200 thousand foreign visitors. They were Guangdong, Beijing, Shanghai, Jiangsu, Zhejiang, Yunnan, Shaanxi, Liaoning, Shandong, Heilongjiang, Guangxi, Hubei, Fujian, Inner Mongolia, Hebei, Tianjin, Sichuan, Jilin, Chongqing and Xinjiang. Guangdong jumped to the top of the list, with 2.4037 million foreign tourists received.

——In 2001, there were 22 provinces, autonomous regions and municipalities, earning more than US $ 100 million from international tourism. They were Guangdong, Beijing, Shanghai, Fujian, Jiangsu, Zhejiang, Liaoning, Shandong, Yunnan, Shaanxi, Guangxi, Tianjin, Hunan, Heilongjiang, Hubei, Sichuan, Chongqing, Hebei, Inner Mongolia, Henan, Hainan and Anhui, 1 more than in 2000. Guangdong Province, with total annual foreign exchange receipts of US $ 4.484 billion, continue to be on the top of the table which is listed according to the amount of foreign exchange receipts.

The international receipts of the 31 provinces, autonomous regions and municipalities are shown in the following table:

| Rank | Region | International Receipts (US $ million) | Tourism Receipts Change (%) | Inbound Arrivals (million) | Tourists Change (%) |
|---|---|---|---|---|---|
| 1. | Guangdong | 4 483.51 | 9.0 | 12.9238 | 7.8 |
| 2. | Beijing | 2 945.99 | 6.4 | 2.8579 | 1.3 |
| 3. | Shanghai | 1 807.71 | 12.1 | 2.0426 | 12.6 |

| | | | | | |
|---|---|---|---|---|---|
| 4. | Fujian | 942.02 | 5.4 | 1.6348 | 1.3 |
| 5. | Jiangsu | 822.02 | 13.6 | 1.8371 | 14.14 |
| 6. | Zhejiang | 698.89 | 36.0 | 1.4691 | 30.48 |
| 7. | Liaoning | 463.03 | 21.1 | 0.7242 | 18.29 |
| 8. | Shandong | 382.41 | 21.4 | 0.8287 | 14.59 |
| 9. | Yunnan | 367.01 | 8.3 | 1.1313 | 13.0 |
| 10. | Shaanxi | 308.71 | 10.2 | 0.7592 | 6.5 |
| 11. | Guangxi | 300.63 | -2.0 | 1.2672 | 3.1 |
| 12. | Tianjin | 280.17 | 20.9 | 0.4214 | 18.3 |
| 13. | Hunan | 270.70 | 22.6 | 0.5046 | 11.13 |
| 14. | Heilongjiang | 249.90 | 32.2 | 0.6123 | 11.0 |
| 15. | Hubei | 200.75 | 37.8 | 0.6678 | 48.14 |
| 16. | Sichuan | 165.79 | 36.0 | 0.5748 | 24.4 |
| 17. | Chongqing | 163.41 | 18.1 | 0.3133 | 17.7 |
| 18. | Hebei | 156.61 | 10.4 | 0.4446 | 7.3 |
| 19. | Inner Mongolia | 137.40 | 8.7 | 0.3999 | 2.0 |
| 20. | Henan | 133.36 | 7.6 | 0.3656 | 12.5 |
| 21. | Hainan | 106.02 | -2.6 | 0.4568 | -6.2 |
| 22. | Anhui | 105.68 | 22.6 | 0.3809 | 19.6 |
| 23. | Xinjiang | 98.56 | 3.8 | 0.2730 | 6.6 |
| 24. | Jilin | 75.79 | 30.6 | 0.2718 | 22.0 |
| 25. | Jiangxi | 70.30 | 12.8 | 0.1963 | 20.4 |
| 26. | Guizhou | 68.73 | 12.8 | 0.2055 | 11.7 |
| 27. | Shanxi | 59.47 | 19.2 | 0.1978 | 19.7 |
| 28. | Tibet | 46.38 | -11.3 | 0.1271 | -15.3 |
| 29. | Gansu | 44.81 | -18.0 | 0.2226 | 4.5 |
| 30. | Qinghai | 9.02 | 25.3 | 0.0397 | 21.8 |
| 31. | Ningxia | 2.73 | 0.5 | 0.0087 | 11.4 |

## 6. Inbound Tourists Arrivals and Receipts in Major Cities

——In 2001, there were 26 cities receiving more than 200 thousand inbound tourists, two more than that in the previous year. They were Guangzhou, Shenzhen, Beijing, Shanghai, Zhuhai, Guilin, Hangzhou, Xi'an, Zhongshan, Suzhou, Kunming, Xiamen, Quanzhou, Nanjing, Dalian, Tianjin, Wuxi, Chengdu, Qingdao, Fuzhou, Chongqing, Wuhan, Ningbo, Huangshan, Changsha and Shantou. In addition, other 11 cities including Sanya, Yanbian, Harbin, Zhengzhou, Shenyang, Urumuqi, Chengde, Qinhuangdao, Yantai, Haikou and Luoyang received more than 100 thousand inbound tourists. All these cities received 26.8606 million overseas tourists in total, representing 78.6 percent of the total number of overseas tourists received nationwide.

——In 2001, there were 29 cities receiving more than 100 thousand foreign visitors, 3 more than in 2000. They were Beijing, Shanghai, Guangzhou, Shenzhen, Xi'an, Hangzhou, Guilin,

Suzhou, Tianjin, Dalian, Kunming, Qingdao, Nanjing, Wuhan, Xiamen, Chongqing, Wuxi, Chengdu, Yanbian, Ningbo, Qinhuangdao, Urumuqi, Shenyang, Harbin, Fuzhou, Chengde, Huangshan, Changsha and Zhengzhou.

——In 2001, there were 23 cities earning more than US $ 100 million from international tourism, two more than that in the previous year. They were Beijing, Shanghai, Guangzhou, Shenzhen, Zhuhai, Hangzhou, Xiamen, Dalian, Quanzhou, Xi'an, Tianjin, Nanjing, Suzhou, Fuzhou, Guilin, Qingdao, Zhongshan, Chongqing, Kunming, Wuhan, Wuxi, Chengdu and Changsha. In addition, there were 11 other cities with receipts of international tourism reached more than US $ 50 million. They are Shenyang, Shantou, Yantai, Urumuqi, Ningbo, Harbin, Qinhuangdao, Nantong, Sanya, Zhengzhou and Huangshan. Beijing ranked on the first of the list nationwide with US $ 2.946 billion. The details of the first 23 cities in terms of foreign receipts are as follows:

| Rank | Region | International Receipts (US $ million) | Tourism Receipts Change (%) | Inbound Arrivals (million) | Tourists Change (%) |
|---|---|---|---|---|---|
| 1. | Beijing | 2 945.99 | 6.4 | 2.8579 | 1.3 |
| 2. | Shanghai | 1807.71 | 12.1 | 2.0426 | 12.6 |
| 3. | Guangzhou | 1651.68 | 9.7 | 4.4237 | 5.1 |
| 4. | Shenzhen | 1510.56 | 6.6 | 4.2387 | 6.6 |
| 5. | Zhuhai | 433.80 | 10.1 | 1.0991 | 12.8 |
| 6. | Hangzhou | 373.00 | 27.5 | 0.8194 | 15.9 |
| 7. | Xiamen | 310.77 | 3.9 | 0.5023 | 5.8 |
| 8. | Dalian | 304.22 | 29.9 | 0.4333 | 30.0 |
| 9. | Quanzhou | 297.81 | 17.1 | 0.4908 | 1.0 |
| 10. | Xi'an | 290.02 | 11.5 | 0.6720 | 4.9 |
| 11. | Tianjin | 280.17 | 20.9 | 0.4214 | 18.3 |
| 12. | Nanjing | 243.77 | 10.3 | 0.4698 | 12.1 |
| 13. | Suzhou | 234.18 | 16.3 | 0.6350 | 12.1 |
| 14. | Fuzhou | 233.62 | 5.4 | 0.3188 | -0.5 |
| 15. | Guilin | 208.89 | -8.1 | 0.9326 | -1.85 |
| 16. | Qingdao | 177.51 | 24.9 | 0.3234 | 24.1 |
| 17. | Zhongshan | 173.31 | 18.0 | 0.6382 | 3.2 |
| 18. | Chongqing | 163.41 | 18.1 | 0.3133 | 17.7 |
| 19. | Kunming | 158.24 | 15.4 | 0.5908 | 13.6 |
| 20. | Wuhan | 121.40 | 23.3 | 0.2859 | 29.0 |
| 21. | Wuxi | 117.74 | 20.3 | 0.3456 | 21.8 |
| 22. | Chengdu | 116.41 | 45.0 | 0.3451 | 33.3 |
| 23. | Changsha | 108.23 | 27.9 | 0.2286 | 41.3 |

### 7. Scale and Business of Star-rated Hotels in China

In 2001, the overall scale of China's star-rated hotels augmented greatly. The average occupancy rate and business income increased accordingly.

——By the end of 2001, there were a total of 7,358 Star – rated Hotels in China, 1,329 more than in 2000, up 22.4 percent over the previous year. The total number of rooms was 816.3 thousand, increasing 221.5 thousand and up 37.26 percent over the previous year. The total number of beds was 1.5331 million, increasing 388.3 thousand and 33.92 percent up over the previous year.

——By the end of 2001, the original value of fixed assets owned by star – rated hotels amounted to 215.362 billion yuan, up 25.42 percent over the previous year.

——In 2001, the average occupancy rate of star – rated hotels was 58.45 percent, 0.87 percentage points higher than the previous year.

——In 2001, the total business income of 7,358 star – rated hotels amounted to 76.332 billion yuan, up 26.44 percent over the previous year. The business tax was 3.966 billion yuan, up 28.81 percent over the previous year. The productivity was 72.6 thousand yuan per capita, down 5.3 percent over the previous year.

——There were a total of 4,339 state – owned star – rated hotels in China. In 2001, their total business income amounted to 31.698 billion yuan and the paid business tax reached 1.689 billion yuan, and the productivity was 57.8 thousand yuan per capita.

——There were 592 Star – rated Hotels in China built by capital and investment from foreign countries and Hong Kong, Macao and Taiwan regions. In 2001, their total business income reached 24.887 billion yuan and their paid business tax was 1.226 billion yuan, and the productivity was 131.2 thousand yuan per capita.

——Of the total 7,358 star – rated hotels in China, there were 129 five – star hotels, with 12 adding; 441 four – star hotels with 89 more; 2, 287 three – star hotels, with 388 more; 3,748 two – star hotels, with 687 more, and 753 one – star hotels, with 153 more.

——The scale and business of all the Star – rated Hotels nationwide in 2001 were listed as follows:

| | Hotels (number) | Rooms (1000) | Beds (1000) | Revenue (billion) | Occupancy (%) |
|---|---|---|---|---|---|
| Total | 7 358 | 816.3 | 1 533.1 | 76.332 | 58.45 |
| by ownership status | | | | | |
| state – owned | 4 339 | 428.3 | 849.3 | 31.698 | 55.13 |
| collective – owned | 790 | 63.8 | 117.7 | 4.219 | 59.25 |
| share – holding | | | | | |
| co – operative | 115 | 42.4 | 58.1 | 1.596 | 60.71 |
| alliance | 97 | 10.2 | 19.3 | 1.085 | 57.44 |
| limited liability | 477 | 50.0 | 91.9 | 4.881 | 62.38 |
| limited liability shares | 276 | 38.4 | 69.8 | 4.614 | 64.73 |
| private – owned | 351 | 27.7 | 53.7 | 1.283 | 56.52 |
| other domestic capital | 321 | 29.5 | 55.4 | 2.068 | 59.42 |

| | | | | | |
|---|---|---|---|---|---|
| invested by HK, Macao, Taiwan | 324 | 67.8 | 117.0 | 13.591 | 64.65 |
| invested by foreigners | 268 | 58.2 | 100.7 | 11.296 | 64.15 |
| by scale of room numbers | | | | | |
| over 500 | 94 | 126.3 | 191.2 | 11.994 | 66.98 |
| between 300～499 | 283 | 102.7 | 178.8 | 14.866 | 63.64 |
| between 200～299 | 560 | 134.2 | 248.5 | 14.402 | 60.97 |
| between 100～199 | 1 917 | 263.8 | 523.5 | 19.825 | 59.61 |
| under 99 | 4 504 | 189.2 | 391.0 | 15.246 | 51.74 |
| by star－rating | | | | | |
| 5－star | 129 | 50.3 | 77.7 | 14.966 | 65.12 |
| 4－star | 441 | 106.1 | 191.3 | 18.061 | 64.96 |
| 3－star | 2 287 | 327.4 | 605.6 | 28.296 | 60.34 |
| 2－star | 3 748 | 294.7 | 581.7 | 14.012 | 53.35 |
| 1－star | 7 153 | 37.7 | 76.8 | 0.997 | 45.33 |

## 8. Scale and Business of Travel Agencies

In 2001, the general capacity of China's travel companies continued to expand. Both the number of received tourists and the level of profit increased. The following statistics were based on the annual review of travel agencies in China.

——By the end of 2001, there were 10, 532 travel agencies in China, 1,539 more than in 2000. Of the total, there were 1,310 international travel agencies, 42 more than the previous year, and 9,222 domestic travel agencies, 1,497 more than in 2000.

——By the end of 2001, the total assets owned by travel agencies nationwide amounted to 41.547 billion yuan. And the business income was 58.980 billion yuan, up 25.5 percent over the previous year, and the business tax was 763 million yuan, down 4.6 percent over the previous year, and the total amount of profit was 1.228 billion yuan, up 17.6 percent over the previous year.

——In 2001, the total arrivals of tourists received by all the international travel agencies were 7.8344 million and the total number of person /nights were 31.3682 million, up 24.7 percent and 26.2 percent respectively over the previous year. The total number of inbound tourists received by travel agencies nationwide was 14.5364 million and the total number of person / nights was 32.7584 million, up 27.1 percent and 24.6 percent respectively over the previous year.

——In 2001, the total number of overnight domestic tourists organized by travel agencies nationwide was 35.1617 million, namely 94.6187 million person /nights, increasing 32.0 percent and 41.0 percent respectively. The number of overnight domestic tourists received by travel agencies nationwide was 58.9439 million, namely 102.6648 million person /nights, up 38.0 percent and 34.6 percent respectively over the previous year.

## 9. Outbound Travel

In 2001, the market of outbound travel in China continued to develop in organized and orderly manner. China has become one of new tourist generating countries in Asia.

——In 2001, the total number of Chinese outbound visitors reached 12.1331 million, up 15.9 percent over the previous year. Of the total, 5.1877 million Chinese nationals traveled abroad for public affairs, up 7.2 percent over the previous year, and 6.9454 million for private purpose, up 23.3 percent over the previous year. The top ten regions and countries for the Chinese nationals to visit as the first stop were listed as Hong Kong SAR, Macao SAR, Thailand, Japan, Russia, ROK, U.S.A., Singapore, DPRK and Australia. In 2001, the number of the Chinese nationals whose first destination was Hong Kong SAR, Macao SAR, Taiwan Province, ROK, the Philippines, Malaysia, Indonesia, U. S. A., Canada, Germany, France, U. K., Australia and New Zealand showed two-digit growth.

——In 2001, the total number of Chinese nationals traveling abroad organized by travel agencies was 3.6953 million, 607.2 thousand decreased, with 14.1 percentage points down. Of the total, 1.5202 million visitors went to foreign countries, up 27.4 percent; and 1.2797 million to Hong Kong SAR and Macao SAR, down 28.3 percent; 0.8954 million made border-crossing travel, down 32.4 percent over the previous year.

### 10. Education and Training in Tourism Industry

——By the end of 2001, there were 311 higher learning institutes and colleges with travel and tourism departments, 59 more than that in 2000. And the number of enrollment students was 102.2 thousand, 28.6 thousand more than that in the previous year. There were 841 medium-level professional schools, 102 schools less, with 240.5 thousand enrollment students, 13.8 thousand less than that in the previous year. To sum up the above figures, there were totally 1,152 tourism institutes and schools with an enrollment of 342.8 thousand students.

——In 2001, 978.8 thousand employees participated in training programs, 196.2 thousand more than that in the previous year, with a 25.1 percent increase.

# 一、入境旅游人数

# 1. INTERNATIONAL VISITOR ARRIVALS TO CHINA

# 1－1 1978～2001年中国入境过夜旅游者人数和国际旅游(外汇)收入的世界排名

# RANK OF CHINA'S TOURIST ARRIVALS & TOURISM RECEIPTS IN THE WORLD 1978—2001

| 年份<br>YEAR | 过夜旅游者人数(万人次)<br>TOURIST ARRIVALS (TEN THOUS.) | 世界排名<br>RANK | 国际旅游(外汇)收入(亿美元)<br>TOURISM RECEIPTS (100Mn.US$) | 世界排名<br>RANK |
|---|---|---|---|---|
| 1978 | 71.60 | — | 2.63 | — |
| 1979 | 152.90 | — | 4.49 | — |
| 1980 | 350.00 | 18 | 6.17 | 34 |
| 1981 | 376.70 | 17 | 7.85 | 34 |
| 1982 | 392.40 | 16 | 8.43 | 29 |
| 1983 | 379.10 | 16 | 9.41 | 26 |
| 1984 | 514.10 | 14 | 11.31 | 21 |
| 1985 | 713.30 | 13 | 12.50 | 21 |
| 1986 | 900.10 | 12 | 15.31 | 22 |
| 1987 | 1 076.00 | 12 | 18.62 | 26 |
| 1988 | 1 236.10 | 10 | 22.47 | 26 |
| 1989 | 936.10 | 12 | 18.60 | 27 |
| 1990 | 1 048.40 | 11 | 22.18 | 25 |
| 1991 | 1 246.40 | 12 | 28.45 | 21 |
| 1992 | 1 651.20 | 9 | 39.47 | 17 |
| 1993 | 1 898.20 | 7 | 46.83 | 15 |
| 1994 | 2 107.00 | 6 | 73.23 | 10 |
| 1995 | 2 003.40 | 8 | 87.33 | 10 |
| 1996 | 2 276.50 | 6 | 102.00 | 9 |
| 1997 | 2 377.00 | 6 | 120.74 | 8 |
| 1998 | 2 507.29 | 6 | 126.02 | 7 |
| 1999 | 2 704.66 | 5 | 140.99 | 7 |
| 2000 | 3 122.88 | 5 | 162.24 | 7 |
| 2001 | 3 316.67 | 5 | 177.92 | 5 |

资料来源:世界旅游组织

SOURCE:WORLD TOURISM ORGANIZATION

# 1-2 1978～2001年入境旅游人数
## ANNUAL VISITOR ARRIVALS 1978—2001

单 位:人
UNIT:PERSON

| 年 份<br>YEAR | 总 计<br>TOTAL | 外 国 人<br>FOREIGN-ERS | 华 侨<br>OVERSEAS CHINESE | 港澳台同胞<br>* COMPA-TRIOTS | #台湾同胞<br>TAIWAN PROVINCE |
|---|---|---|---|---|---|
| 1978 | 1 809 221 | 229 646 | 18 092 | 1 561 483 | |
| 1979 | 4 203 901 | 362 389 | 20 910 | 3 820 602 | |
| 1980 | 5 702 536 | 529 124 | 34 413 | 5 138 999 | |
| 1981 | 7 767 096 | 675 153 | 38 856 | 7 053 087 | |
| 1982 | 7 924 261 | 764 497 | 42 745 | 7 117 019 | |
| 1983 | 9 477 005 | 872 511 | 40 352 | 8 564 142 | |
| 1984 | 12 852 185 | 1 134 267 | 47 498 | 11 670 420 | |
| 1985 | 17 833 097 | 1 370 462 | 84 827 | 16 377 808 | |
| 1986 | 22 819 450 | 1 482 276 | 68 133 | 21 269 041 | |
| 1987 | 26 902 267 | 1 727 821 | 87 031 | 25 087 415 | |
| 1988 | 31 694 804 | 1 842 206 | 79 348 | 29 773 250 | 437 700 |
| 1989 | 24 501 394 | 1 460 970 | 68 556 | 22 971 868 | 541 000 |
| 1990 | 27 461 821 | 1 747 315 | 91 090 | 25 623 416 | 948 000 |
| 1991 | 33 349 757 | 2 710 103 | 133 427 | 30 506 227 | 946 632 |
| 1992 | 38 114 945 | 4 006 427 | 165 077 | 33 943 441 | 1 317 770 |
| 1993 | 41 526 945 | 4 655 857 | 166 182 | 36 704 906 | 1 526 969 |
| 1994 | 43 684 456 | 5 182 060 | 115 245 | 38 387 151 | 1 390 215 |
| 1995 | 46 386 511 | 5 886 716 | 115 818 | 40 383 977 | 1 532 309 |
| 1996 | 51 127 516 | 6 744 334 | 154 601 | 44 228 581 | 1 733 897 |
| 1997 | 57 587 923 | 7 428 006 | 99 004 | 50 060 913 | 2 117 576 |
| 1998 | 63 478 401 | 7 107 747 | 120 704 | 56 249 950 | 2 174 602 |
| 1999 | 72 795 594 | 8 432 296 | 108 141 | 64 255 157 | 2 584 648 |
| 2000 | 83 443 881 | 10 160 432 | 75 487 | 73 207 962 | 3 108 643 |
| 2001 | 89 012 924 | 11 226 384 | — | 77 786 540 | 3 441 961 |

资料来源:公安部

SOURCE:MINISTRY OF PUBLIC SECURITY

NOTE: * COMPATRIOTS FROM HONG KONG,MACAO AND TAIWAN PROVINCE.

# 1-3　2001年各月入境旅游人数
## MONTHLY VISITOR ARRIVALS 2001

单　位:人
UNIT:PERSON

| 月　份 MONTH | 总　计 TOTAL | 外国人 FOREI-GNERS | 香港同胞 HONG KONG | 澳门同胞 MACAO | 台湾同胞 TAIWAN PROVINCE |
|---|---|---|---|---|---|
| **全　年 WHOLE YEAR** | **89 012 924** | **11 226 384** | **58 568 487** | **15 776 092** | **3 441 961** |
| 一　月　JAN. | 7 173 960 | 669 395 | 5 065 983 | 1 200 039 | 238 543 |
| 二　月　FEB. | 6 116 213 | 761 403 | 4 049 283 | 1 052 475 | 253 052 |
| 三　月　MAR. | 7 538 078 | 917 124 | 5 187 900 | 1 144 501 | 288 553 |
| 四　月　APR. | 7 798 533 | 1 030 198 | 5 158 579 | 1 276 429 | 333 327 |
| 五　月　MAY | 7 080 126 | 982 470 | 4 563 303 | 1 222 412 | 311 941 |
| 六　月　JUNE | 7 119 570 | 937 338 | 4 650 212 | 1 237 197 | 294 823 |
| 七　月　JULY | 7 454 504 | 963 402 | 4 843 295 | 1 329 334 | 318 473 |
| 八　月　AUG. | 8 093 024 | 1 067 866 | 5 280 201 | 1 422 983 | 321 974 |
| 九　月　SEP. | 7 413 230 | 988 275 | 4 776 915 | 1 386 246 | 261 794 |
| 十　月　OCT. | 7 577 684 | 1 061 383 | 4 781 065 | 1 430 033 | 305 203 |
| 十一月　NOV. | 7 497 103 | 922 030 | 4 874 576 | 1 448 120 | 252 377 |
| 十二月　DEC. | 8 150 899 | 925 500 | 5 337 175 | 1 626 323 | 261 901 |

资料来源:公安部
SOURCE:MINISTRY OF PUBLIC SECURITY

# 1－4 2001年各月入境旅游人数(按入境方式分)
## MONTHLY VISITOR ARRIVALS BY MODE OF TRANSPORT 2001

单 位:人
UNIT:PERSON

| 月 份<br>MONTH | 总 计<br>TOTAL | 船舶<br>SEA | 飞机<br>AIR | 火车<br>RAIL | 汽车<br>MOTOR | 徒步<br>FOOT |
|---|---|---|---|---|---|---|
| **全 年** | **89 012 924** | **4 114 965** | **8 617 313** | **1 188 208** | **14 454 020** | **60 638 418** |
| **WHOLE YEAR** | | | | | | |
| 一 月 JAN. | 7 173 960 | 401 257 | 550 649 | 96 993 | 1 076 306 | 5 048 755 |
| 二 月 FEB. | 6 116 213 | 259 228 | 570 147 | 78 468 | 999 042 | 4 209 328 |
| 三 月 MAR. | 7 538 078 | 328 994 | 722 048 | 95 552 | 1 308 012 | 5 083 472 |
| 四 月 APR. | 7 798 533 | 424 591 | 796 264 | 115 979 | 1 299 265 | 5 162 434 |
| 五 月 MAY | 7 080 126 | 294 091 | 760 831 | 88 247 | 1 191 023 | 4 745 934 |
| 六 月 JUNE | 7 119 570 | 324 361 | 714 276 | 93 112 | 1 153 262 | 4 834 559 |
| 七 月 JULY | 7 454 504 | 322 242 | 763 232 | 98 863 | 1 206 787 | 5 063 380 |
| 八 月 AUG. | 8 093 024 | 384 207 | 846 042 | 108 930 | 1 340 315 | 5 413 530 |
| 九 月 SEP. | 7 413 230 | 334 427 | 779 231 | 99 261 | 1 140 002 | 5 060 309 |
| 十 月 OCT. | 7 577 684 | 345 796 | 789 105 | 110 370 | 1 221 002 | 5 111 411 |
| 十一月 NOV. | 7 497 103 | 330 586 | 670 732 | 98 960 | 1 208 700 | 5 188 125 |
| 十二月 DEC. | 8 150 899 | 365 185 | 654 756 | 103 473 | 1 310 304 | 5 717 181 |

资料来源:公安部
SOURCE:MINISTRY OF PUBLIC SECURITY

# 1－5　2000～2001年主要客源国入境旅游人数

## FOREIGN VISITOR ARRIVALS FROM THE MAIN GENERATING COUNTRIES 2000—2001

单　位：人

UNIT:PERSON

| 国　　籍<br>NATIONALITY | | 2001年<br>2001 | 2000年<br>2000 | 2001年比2000年增长(%)<br>GROWTH (%) |
|---|---|---|---|---|
| **总　　计** | **TOTAL** | **11 226 384** | **10 160 432** | **10.5** |
| 其　　中 | OF WHICH | | | |
| 日　　本 | JAPAN | 2 385 700 | 2 201 528 | 8.4 |
| 韩　　国 | KOREA | 1 678 836 | 1 344 721 | 24.8 |
| 俄 罗 斯 | RUSSIA | 1 196 175 | 1 080 209 | 10.7 |
| 美　　国 | U.S.A. | 949 161 | 896 180 | 5.9 |
| 马来西亚 | MALAYSIA | 468 613 | 441 010 | 6.3 |
| 新 加 坡 | SINGAPORE | 415 047 | 399 377 | 3.9 |
| 菲 律 宾 | PHILIPPINES | 407 990 | 363 852 | 12.1 |
| 蒙　　古 | MONGOLIA | 387 057 | 399 110 | -3.0 |
| 英　　国 | UNITED KINGDOM | 302 527 | 283 877 | 6.6 |
| 泰　　国 | THAILAND | 298 417 | 241 074 | 23.8 |
| 澳大利亚 | AUSTRALIA | 255 096 | 234 102 | 9.0 |
| 加 拿 大 | CANADA | 253 876 | 236 556 | 7.3 |
| 德　　国 | GERMANY | 253 354 | 239 062 | 6.0 |
| 印度尼西亚 | INDONESIA | 224 177 | 220 554 | 1.6 |
| 法　　国 | FRANCE | 199 523 | 184 964 | 7.9 |
| 印　　度 | INDIA | 159 361 | 120 930 | 31.8 |
| 越　　南 | VIETNAM | 113 823 | 82 244 | 38.4 |
| 荷　　兰 | NETHERLANDS | 92 953 | 75 978 | 22.3 |
| 意 大 利 | ITALY | 77 684 | 77 840 | -0.2 |
| 朝　　鲜 | KOREA,D.P.REP. | 77 051 | 76 385 | 0.9 |
| 哈萨克斯坦 | KAZAKHSTAN | 69 273 | 67 054 | 3.3 |
| 巴基斯坦 | PAKISTAN | 53 061 | 40 800 | 30.1 |
| 瑞　　典 | SWEDEN | 52 807 | 53 570 | -1.4 |
| 新 西 兰 | NEW ZEALAND | 44 350 | 37 595 | 18.0 |
| 缅　　甸 | BURMA | 39 640 | 40 806 | -2.9 |
| 丹　　麦 | DENMARK | 34 139 | 32 986 | 3.5 |
| 葡 萄 牙 | PORTUGAL | 26 845 | 22 796 | 17.8 |

资料来源：公安部

SOURCE:MINISTRY OF PUBLIC SECURITY

# 1－6 2001年各月入境外国

# MONTHLY FOREIGN VISITOR

| 国籍 NATIONALITY | | 一月 JAN. | 二月 FEB. | 三月 MAR. | 四月 APR. | 五月 MAY | 六月 JUNE |
|---|---|---|---|---|---|---|---|
| **总计** | **TOTAL** | **669 395** | **761 403** | **917 124** | **1 030 198** | **982 470** | **937 338** |
| **亚洲** | **ASIA** | **436 441** | **498 362** | **561 987** | **607 513** | **596 327** | **582 515** |
| 日本 | JAPAN | 154 487 | 193 269 | 213 839 | 190 006 | 207 273 | 205 799 |
| 韩国 | KOREA | 95 965 | 120 526 | 114 710 | 124 684 | 131 913 | 142 347 |
| 蒙古 | MONGOLIA | 21 425 | 28 375 | 23 261 | 35 248 | 31 741 | 36 372 |
| 印度尼西亚 | INDONESIA | 17 386 | 12 428 | 14 172 | 18 486 | 13 916 | 16 652 |
| 马来西亚 | MALAYSIA | 28 740 | 24 552 | 42 391 | 44 172 | 51 103 | 30 444 |
| 菲律宾 | PHILIPPINES | 29 797 | 28 200 | 33 558 | 42 963 | 36 266 | 29 369 |
| 新加坡 | SINGAPORE | 27 812 | 24 221 | 36 608 | 34 650 | 37 859 | 41 492 |
| 泰国 | THAILAND | 17 857 | 19 544 | 27 764 | 45 837 | 26 953 | 19 492 |
| 其他 | OTHERS | 42 972 | 47 247 | 55 684 | 71 467 | 59 303 | 60 548 |
| **欧洲** | **EUROPE** | **116 266** | **156 726** | **211 070** | **249 558** | **235 970** | **203 045** |
| 英国 | UNITED KINGDOM | 18 245 | 19 672 | 26 207 | 30 846 | 26 889 | 23 616 |
| 法国 | FRANCE | 11 229 | 13 588 | 18 581 | 22 820 | 19 573 | 14 328 |
| 德国 | GERMANY | 12 736 | 15 262 | 23 844 | 25 120 | 24 768 | 19 605 |
| 意大利 | ITALY | 3 990 | 4 862 | 6 967 | 8 033 | 6 460 | 6 227 |
| 瑞士 | SWITZERLAND | 1 680 | 1 909 | 2 461 | 2 965 | 2 944 | 2 327 |
| 瑞典 | SWEDEN | 3 246 | 4 184 | 4 788 | 6 219 | 4 453 | 4 198 |
| 荷兰 | NETHERLANDS | 4 402 | 5 000 | 5 994 | 7 389 | 6 849 | 6 077 |
| 俄罗斯 | RUSSIA | 39 432 | 66 850 | 91 802 | 108 560 | 114 020 | 100 533 |
| 其他 | OTHERS | 21 306 | 25 399 | 30 426 | 37 606 | 30 014 | 26 134 |
| **美洲** | **AMERICA** | **87 072** | **81 512** | **112 194** | **129 481** | **119 154** | **121 461** |
| 美国 | U.S.A. | 60 399 | 58 831 | 83 294 | 97 193 | 91 633 | 96 862 |
| 加拿大 | CANADA | 20 190 | 17 598 | 22 784 | 23 227 | 20 810 | 18 672 |
| 其他 | OTHERS | 6 483 | 5 083 | 6 116 | 9 061 | 6 711 | 5 927 |
| **大洋洲** | **OCEANIA** | **25 123** | **19 937** | **25 417** | **30 715** | **24 323** | **23 535** |
| 澳大利亚 | AUSTRALIA | 20 942 | 16 487 | 21 113 | 25 301 | 19 688 | 19 036 |
| 新西兰 | NEW ZEALAND | 3 207 | 2 752 | 3 447 | 4 472 | 3 580 | 3 656 |
| 其他 | OTHERS | 974 | 698 | 857 | 942 | 1 055 | 843 |
| **非洲** | **AFRICA** | **4 119** | **4 534** | **5 398** | **10 576** | **5 423** | **5 276** |
| **其他** | **OTHERS** | **374** | **332** | **1 058** | **2 355** | **1 273** | **1 506** |

资料来源：公安部

SOURCE: MINISTRY OF PUBLIC SECURITY

# 旅游者人数(按国籍分)

## ARRIVALS BY NATIONALITY 2001

单　位:人

UNIT:PERSON

| 七月<br>JULY | 八月<br>AUG. | 九月<br>SEP. | 十月<br>OCT. | 十一月<br>NOV. | 十二月<br>DEC. | 合　计<br>TOTAL | 占总数比重(%)<br>P.C. TOTAL | 比上年增长(%)<br>GROWTH (%) |
|---|---|---|---|---|---|---|---|---|
| **963 402** | **1 067 866** | **988 275** | **1 061 383** | **922 030** | **925 500** | **11 226 384** | **100.0** | **10.5** |
| **586 281** | **681 041** | **609 715** | **618 355** | **582 136** | **621 688** | **6 982 361** | **62.2** | **12.2** |
| 202 979 | 224 644 | 209 767 | 197 410 | 195 696 | 190 531 | 2 385 700 | 21.3 | 8.4 |
| 175 899 | 204 795 | 144 657 | 147 906 | 137 562 | 137 872 | 1 678 836 | 15.0 | 24.8 |
| 27 386 | 40 926 | 31 910 | 42 373 | 32 246 | 35 794 | 387 057 | 3.4 | -3.0 |
| 16 372 | 17 396 | 20 767 | 21 089 | 14 695 | 40 818 | 224 177 | 2.0 | 1.6 |
| 27 533 | 40 146 | 49 665 | 40 962 | 40 683 | 48 222 | 468 613 | 4.2 | 6.3 |
| 28 695 | 33 352 | 33 280 | 36 224 | 36 697 | 39 589 | 407 990 | 3.6 | 12.1 |
| 25 502 | 30 829 | 34 439 | 32 380 | 41 120 | 48 135 | 415 047 | 3.7 | 3.9 |
| 19 328 | 19 552 | 21 313 | 30 753 | 22 375 | 27 649 | 298 417 | 2.7 | 23.8 |
| 62 587 | 69 401 | 63 917 | 69 258 | 61 062 | 53 078 | 716 524 | 6.4 | 16.8 |
| **230 774** | **244 572** | **244 458** | **285 525** | **212 059** | **177 249** | **2 567 272** | **22.9** | **8.4** |
| 25 179 | 27 230 | 28 308 | 31 365 | 26 726 | 18 244 | 302 527 | 2.7 | 6.6 |
| 16 877 | 18 370 | 18 420 | 19 190 | 15 265 | 11 282 | 199 523 | 1.8 | 7.9 |
| 21 452 | 24 231 | 25 559 | 27 815 | 20 611 | 12 351 | 253 354 | 2.3 | 6.0 |
| 7 309 | 9 255 | 7 009 | 7 573 | 5 762 | 4 237 | 77 684 | 0.7 | -0.2 |
| 3 091 | 2 795 | 3 465 | 3 277 | 2 285 | 1 617 | 30 816 | 0.3 | 0.2 |
| 3 516 | 3 674 | 4 651 | 6 022 | 4 439 | 3 417 | 52 807 | 0.5 | -1.4 |
| 8 772 | 7 058 | 8 559 | 12 344 | 11 487 | 9 022 | 92 953 | 0.8 | 22.3 |
| 114 530 | 118 877 | 114 998 | 137 412 | 94 866 | 94 295 | 1 196 175 | 10.7 | 10.7 |
| 30 048 | 33 082 | 33 489 | 40 527 | 30 618 | 22 784 | 361 433 | 3.2 | 6.0 |
| **116 141** | **108 901** | **95 442** | **120 062** | **96 674** | **90 289** | **1 278 383** | **11.4** | **5.0** |
| 87 503 | 80 654 | 70 084 | 87 686 | 69 823 | 65 199 | 949 161 | 8.5 | 5.9 |
| 22 034 | 21 375 | 19 216 | 25 572 | 21 921 | 20 477 | 253 876 | 2.3 | 7.3 |
| 6 604 | 6 872 | 6 142 | 6 804 | 4 930 | 4 613 | 75 346 | 0.7 | -10.7 |
| **22 691** | **24 616** | **30 429** | **28 082** | **24 572** | **30 767** | **310 207** | **2.8** | **9.9** |
| 18 471 | 20 156 | 25 267 | 23 105 | 19 999 | 25 531 | 255 096 | 2.3 | 9.0 |
| 3 337 | 3 592 | 4 314 | 4 076 | 3 706 | 4 211 | 44 350 | 0.4 | 18.0 |
| 883 | 868 | 848 | 901 | 867 | 1 025 | 10 761 | 0.1 | 0.7 |
| **5 673** | **7 322** | **6 625** | **7 851** | **5 611** | **4 855** | **73 263** | **0.7** | **11.6** |
| **1 842** | **1 414** | **1 606** | **1 508** | **978** | **652** | **14 898** | **0.1** | **360.4** |

# 1－7 1997～2001年入境外国旅游者人数(按国籍分)

## ANNUAL FOREIGN VISITOR ARRIVALS BY NATIONALITY 1997—2001

单 位:人

UNIT:PERSON

| 国 籍 NATIONALITY | 1997年 1997 | 1998年 1998 | 1999年 1999 | 2000年 2000 | 2001年 2001 |
|---|---|---|---|---|---|
| **总 计 TOTAL** | **7 428 006** | **7 107 747** | **8 432 296** | **10 160 432** | **11 226 384** |
| **亚 洲 ASIA** | **4 411 092** | **4 139 494** | **5 107 321** | **6 224 716** | **6 982 361** |
| 日 本 JAPAN | 1 581 747 | 1 572 054 | 1 855 197 | 2 201 528 | 2 385 700 |
| 韩 国 KOREA | 781 119 | 632 806 | 991 979 | 1 344 721 | 1 678 836 |
| 蒙 古 MONGOLIA | 342 881 | 364 761 | 354 459 | 399 110 | 387 057 |
| 印度尼西亚 INDONESIA | 147 328 | 104 602 | 182 904 | 220 554 | 224 177 |
| 马来西亚 MALAYSIA | 361 308 | 300 119 | 372 870 | 441 010 | 468 613 |
| 菲律宾 PHILIPPINES | 276 656 | 256 498 | 298 285 | 363 852 | 407 990 |
| 新加坡 SINGAPORE | 316 825 | 316 434 | 352 479 | 399 377 | 415 047 |
| 泰 国 THAILAND | 168 508 | 144 332 | 206 424 | 241 074 | 298 417 |
| 其 他 OTHERS | 434 720 | 447 888 | 492 724 | 613 490 | 716 524 |
| **欧 洲 EUROPE** | **1 888 873** | **1 734 376** | **1 998 043** | **2 367 353** | **2 567 272** |
| 英 国 UNITED KINGDOM | 227 907 | 242 873 | 258 894 | 283 877 | 302 527 |
| 法 国 FRANCE | 131 286 | 138 044 | 155 640 | 184 964 | 199 523 |
| 德 国 GERMANY | 184 712 | 191 888 | 217 632 | 239 062 | 253 354 |
| 意大利 ITALY | 65 139 | 72 538 | 72 216 | 77 840 | 77 684 |
| 瑞 士 SWITZERLAND | 30 257 | 28 410 | 29 913 | 30 743 | 30 816 |
| 瑞 典 SWEDEN | 38 506 | 40 561 | 46 788 | 53 570 | 52 807 |
| 荷 兰 NETHERLANDS | 52 257 | 58 946 | 70 064 | 75 978 | 92 953 |
| 俄罗斯 RUSSIA | 813 681 | 692 000 | 832 995 | 1 080 209 | 1 196 175 |
| 其 他 OTHERS | 345 128 | 269 116 | 313 901 | 341 110 | 361 433 |
| **美 洲 AMERICA** | **867 166** | **947 907** | **1 025 996** | **1 217 091** | **1 278 383** |
| 美 国 U.S.A. | 616 438 | 677 311 | 736 386 | 896 180 | 949 161 |
| 加拿大 CANADA | 174 092 | 195 953 | 213 699 | 236 556 | 253 876 |
| 其 他 OTHERS | 76 636 | 74 643 | 75 911 | 84 355 | 75 346 |
| **大洋洲 OCEANIA** | **193 441** | **224 948** | **243 774** | **282 378** | **310 207** |
| 澳大利亚 AUSTRALIA | 156 840 | 186 438 | 203 539 | 234 102 | 255 096 |
| 新西兰 NEW ZEALAND | 28 296 | 30 001 | 31 440 | 37 595 | 44 350 |
| 其 他 OTHERS | 8 305 | 8 509 | 8 795 | 10 681 | 10 761 |
| **非 洲 AFRICA** | **49 134** | **48 168** | **52 101** | **65 658** | **73 263** |
| **其 他 OTHERS** | **18 300** | **12 854** | **5 061** | **3 236** | **14 898** |

资料来源:公安部

SOURCE:MINISTRY OF PUBLIC SECURITY

# 二、入境外国旅游者主要特征

# 2. MAJOR PROFILE OF FOREIGN VISITOR ARRIVALS

# 2－1 2000～2001年入境外国旅游者人数
## (按年龄、性别、目的和入境方式分)
## FOREIGN VISITOR ARRIVALS BY AGE, SEX, PURPOSE & MODE OF TRANSPORT 2000—2001

单 位:人
UNIT:PERSON

| 项 目 | ITEM | 2001年 2001 | 占总人数比重(%) P.C.TOTAL | 2000年 2000 | 占总人数比重(%) P.C.TOTAL |
|---|---|---|---|---|---|
| **总 计** | **TOTAL** | **11 226 384** | **100.0** | **10 160 432** | **100.0** |
| 14岁及以下 | UNDER 14 | 404 914 | 3.6 | 357 089 | 3.5 |
| 15～24岁 | 15—24 | 875 587 | 7.8 | 824 259 | 8.1 |
| 25～44岁 | 25—44 | 5 454 174 | 48.6 | 4 944 421 | 48.7 |
| 45～65岁 | 45—65 | 3 848 374 | 34.3 | 3 435 305 | 33.8 |
| 65岁及以上 | OVER 65 | 643 335 | 5.7 | 599 358 | 5.9 |
| 男 | MALE | 7 288 338 | 64.9 | 6 559 684 | 64.6 |
| 女 | FEMALE | 3 938 046 | 35.1 | 3 600 748 | 35.4 |
| 会议/商务 | MEETINGS/BUSINESS | 2 969 296 | 26.4 | — | — |
| 观光休闲 | SIGHTSEEING/LEISURE | 3 938 988 | 35.1 | — | — |
| 探亲访友 | VISITING RELATIVES & FRIENDS | 392 636 | 3.5 | — | — |
| 服务员工 | WORKER & CREW | 1 289 143 | 11.5 | — | — |
| 其他 | OTHERS | 2 636 321 | 23.5 | — | — |
| 船舶 | SEA | 1 488 019 | 13.3 | 1 321 499 | 13.0 |
| 飞机 | AIR | 5 998 988 | 53.4 | 5 387 469 | 53.0 |
| 火车 | RAIL | 446 345 | 4.0 | 440 621 | 4.3 |
| 汽车 | MOTOR | 1 762 035 | 15.7 | 1 555 680 | 15.3 |
| 徒步 | FOOT | 1 530 997 | 13.6 | 1 455 163 | 14.3 |

资料来源:公安部
SOURCE:MINISTRY OF PUBLIC SECURITY

# 2－2　2001年各月入境外国
## MONTHLY FOREIGN VISITOR

| 月　份<br>MONTH | 合　计<br>TOTAL | 会议/商务<br>MEETING/<br>BUSINESS |
|---|---|---|
| **全　年<br>WHOLE YEAR** | **11 226 384** | **2 969 296** |
| 一　月　JAN. | 669 395 | 175 961 |
| 二　月　FEB. | 761 403 | 239 908 |
| 三　月　MAR. | 917 124 | 273 624 |
| 四　月　APR. | 1 030 198 | 300 367 |
| 五　月　MAY | 982 470 | 257 108 |
| 六　月　JUNE | 937 338 | 249 829 |
| 七　月　JULY | 963 402 | 243 409 |
| 八　月　AUG. | 1 067 866 | 244 320 |
| 九　月　SEP. | 988 275 | 232 694 |
| 十　月　OCT. | 1 061 383 | 283 368 |
| 十一月　NOV. | 922 030 | 242 051 |
| 十二月　DEC. | 925 500 | 226 657 |

资料来源：公安部

SOURCE：MINISTRY OF PUBLIC SECURITY

# 旅游者人数(按目的分)
# ARRIVALS BY PURPOSE 2001

单 位:人
UNIT:PERSON

| 观光休闲 SIGHTSEEING/LEISURE | 探亲访友 VISITING RELATIVES & FRIENDS | 服务员工 WORKER & CREW | 其他 OTHERS |
|---|---|---|---|
| **3 938 988** | **392 636** | **1 289 143** | **2 636 321** |
| 174 824 | 38 778 | 90 795 | 189 037 |
| 198 032 | 26 856 | 89 427 | 207 180 |
| 285 353 | 35 869 | 99 035 | 223 243 |
| 347 582 | 40 951 | 108 610 | 232 688 |
| 367 686 | 30 339 | 105 768 | 221 569 |
| 351 063 | 35 207 | 103 069 | 198 170 |
| 361 149 | 33 767 | 104 165 | 220 912 |
| 411 397 | 30 132 | 111 731 | 270 286 |
| 387 223 | 30 300 | 107 992 | 230 066 |
| 369 697 | 27 729 | 124 936 | 255 653 |
| 319 184 | 27 623 | 124 487 | 208 685 |
| 365 798 | 35 085 | 119 128 | 178 832 |

# 2-3 2001年各月入境外国旅游者人数
## (按年龄和性别分)
## MONTHLY FOREIGN VISITOR ARRIVALS BY AGE & SEX 2001

单 位:人
UNIT:PERSON

| 月 份 MONTH | 合 计 TOTAL | 年 龄 AGE | | | | | 性 别 SEX | |
|---|---|---|---|---|---|---|---|---|
| | | 14岁及以下 UNDER 14 | 15~24岁 15-24 | 25~44岁 25-44 | 45~64岁 45-64 | 65岁及以上 OVER 65 | 男 MALE | 女 FEMALE |
| **全 年 WHOLE YEAR** | **11 226 384** | **404 914** | **875 587** | **5 454 174** | **3 848 374** | **643 335** | **7 288 338** | **3 938 046** |
| 一 月 JAN. | 669 395 | 35 392 | 49 443 | 339 987 | 218 625 | 25 948 | 442 676 | 226 719 |
| 二 月 FEB. | 761 403 | 19 197 | 63 020 | 383 598 | 263 170 | 32 418 | 516 294 | 245 109 |
| 三 月 MAR. | 917 124 | 26 504 | 64 760 | 431 155 | 328 536 | 66 169 | 593 940 | 323 184 |
| 四 月 APR. | 1 030 198 | 32 567 | 64 677 | 487 748 | 372 369 | 72 837 | 663 701 | 366 497 |
| 五 月 MAY | 982 470 | 26 025 | 64 449 | 463 973 | 355 901 | 72 122 | 625 668 | 356 802 |
| 六 月 JUNE | 937 338 | 35 684 | 75 154 | 442 596 | 326 448 | 57 456 | 614 041 | 323 297 |
| 七 月 JULY | 963 402 | 51 602 | 94 849 | 462 519 | 314 282 | 40 150 | 621 363 | 342 039 |
| 八 月 AUG. | 1 067 866 | 59 300 | 116 695 | 509 837 | 338 025 | 44 009 | 663 842 | 404 024 |
| 九 月 SEP. | 988 275 | 21 948 | 73 244 | 467 185 | 352 415 | 73 483 | 629 958 | 358 317 |
| 十 月 OCT. | 1 061 383 | 22 192 | 68 111 | 521 471 | 374 363 | 75 246 | 695 357 | 366 026 |
| 十一月 NOV. | 922 030 | 23 841 | 58 468 | 472 155 | 317 051 | 50 515 | 625 044 | 296 986 |
| 十二月 DEC. | 925 500 | 50 662 | 82 717 | 471 950 | 287 189 | 32 982 | 596 454 | 329 046 |

资料来源:公安部
SOURCE:MINISTRY OF PUBLIC SECURITY

# 2－4　2001年各月入境外国旅游者人数(按入境方式分)

## MONTHLY FOREIGN VISITOR ARRIVALS BY MODE OF TRANSPORT 2001

单　位:人
UNIT:PERSON

| 月　份 MONTH | 总　计 TOTAL | 船舶 SEA | 飞机 AIR | 火车 RAIL | 汽车 MOTOR | 徒步 FOOT |
|---|---|---|---|---|---|---|
| **全　年 WHOLE YEAR** | **11 226 384** | **1 488 019** | **5 998 988** | **446 345** | **1 762 035** | **1 530 997** |
| 一　月　JAN. | 669 395 | 103 715 | 345 697 | 26 377 | 83 935 | 109 671 |
| 二　月　FEB. | 761 403 | 99 871 | 406 980 | 30 955 | 115 391 | 108 206 |
| 三　月　MAR. | 917 124 | 109 797 | 497 580 | 33 116 | 144 519 | 132 112 |
| 四　月　APR. | 1 030 198 | 125 649 | 550 458 | 47 372 | 170 690 | 136 029 |
| 五　月　MAY | 982 470 | 121 394 | 538 539 | 35 581 | 156 756 | 130 200 |
| 六　月　JUNE | 937 338 | 129 498 | 501 056 | 35 020 | 143 892 | 127 872 |
| 七　月　JULY | 963 402 | 127 416 | 523 998 | 31 694 | 152 529 | 127 765 |
| 八　月　AUG. | 1 067 866 | 135 578 | 594 848 | 37 967 | 167 965 | 131 508 |
| 九　月　SEP. | 988 275 | 128 781 | 553 414 | 37 066 | 147 670 | 121 344 |
| 十　月　OCT. | 1 061 383 | 145 817 | 555 162 | 53 663 | 181 228 | 125 513 |
| 十一月　NOV. | 922 030 | 134 396 | 475 238 | 40 256 | 142 657 | 129 483 |
| 十二月　DEC. | 925 500 | 126 107 | 456 018 | 37 278 | 154 803 | 151 294 |

资料来源:公安部
SOURCE:MINISTRY OF PUBLIC SECURITY

# 2－5　2001年入境外国旅游
# FOREIGN VISITOR ARRIVALS

| 国　籍 NATIONALITY | 合计 TOTAL | 会议/商务 MEETING/BUSINESS |
|---|---|---|
| **总计 TOTAL** | **11 226 384** | **2 969 296** |
| **亚洲 ASIA** | **6 982 361** | **1 819 172** |
| 日本 JAPAN | 2 385 700 | 699 659 |
| 韩国 KOREA | 1 678 836 | 553 141 |
| 蒙古 MONGOLIA | 387 057 | 62 897 |
| 印度尼西亚 INDONESIA | 224 177 | 29 832 |
| 马来西亚 MALAYSIA | 468 613 | 82 339 |
| 菲律宾 PHILIPPINES | 407 990 | 25 885 |
| 新加坡 SINGAPORE | 415 047 | 97 241 |
| 泰国 THAILAND | 298 417 | 34 763 |
| 其他 OTHERS | 716 524 | 233 415 |
| **欧洲 EUROPE** | **2 567 272** | **725 232** |
| 英国 UNITED KINGDOM | 302 527 | 89 446 |
| 法国 FRANCE | 199 523 | 43 253 |
| 德国 GERMANY | 253 354 | 65 865 |
| 意大利 ITALY | 77 684 | 28 534 |
| 瑞士 SWITZERLAND | 30 816 | 8 823 |
| 瑞典 SWEDEN | 52 807 | 13 755 |
| 荷兰 NETHERLANDS | 92 953 | 19 871 |
| 俄罗斯 RUSSIA | 1 196 175 | 380 606 |
| 其他 OTHERS | 361 433 | 75 079 |
| **美洲 AMERICA** | **1 278 383** | **313 298** |
| 美国 U.S.A. | 949 161 | 228 375 |
| 加拿大 CANADA | 253 876 | 62 535 |
| 其他 OTHERS | 75 346 | 22 388 |
| **大洋洲 OCEANIA** | **310 207** | **79 331** |
| 澳大利亚 AUSTRALIA | 255 096 | 64 801 |
| 新西兰 NEW ZEALAND | 44 350 | 11 933 |
| 其他 OTHERS | 10 761 | 2 597 |
| **非洲 AFRICA** | **73 263** | **28 831** |
| **其他 OTHERS** | **14 898** | **3 432** |

资料来源：公安部
SOURCE: MINISTRY OF PUBLIC SECURITY

## 者人数(按国籍和目的分)

## BY NATIONALITY & PURPOSE 2001

单　位:人
UNIT:PERSON

| 观光休闲 SIGHTSEEING/ LEISURE | 探亲访友 VISITING RELATIVES & FRIENDS | 服务员工 WORKER & CREW | 其　他 OTHERS |
|---|---|---|---|
| **3 938 988** | **392 636** | **1 289 143** | **2 636 321** |
| **2 450 741** | **195 512** | **856 847** | **1 660 089** |
| 1 006 496 | 42 021 | 70 570 | 566 954 |
| 565 044 | 33 774 | 145 406 | 381 471 |
| 26 541 | 3 774 | 57 232 | 236 613 |
| 88 425 | 15 321 | 37 871 | 52 728 |
| 230 029 | 23 221 | 36 455 | 96 569 |
| 94 716 | 8 454 | 229 393 | 49 542 |
| 186 282 | 30 943 | 23 285 | 77 296 |
| 141 700 | 21 635 | 32 649 | 67 670 |
| 111 508 | 16 369 | 223 986 | 131 246 |
| **922 415** | **45 728** | **368 367** | **505 530** |
| 110 885 | 12 696 | 14 822 | 74 678 |
| 63 728 | 8 383 | 10 289 | 73 870 |
| 72 137 | 6 548 | 18 715 | 90 089 |
| 20 273 | 1 606 | 2 837 | 24 434 |
| 9 122 | 1 065 | 3 162 | 8 644 |
| 15 066 | 2 135 | 4 677 | 17 174 |
| 24 700 | 4 047 | 20 043 | 24 292 |
| 522 853 | 1 385 | 215 046 | 76 285 |
| 83 651 | 7 863 | 78 776 | 116 064 |
| **441 663** | **116 713** | **46 274** | **360 435** |
| 340 203 | 83 066 | 32 237 | 265 280 |
| 84 837 | 27 635 | 9 429 | 69 440 |
| 16 623 | 6 012 | 4 608 | 25 715 |
| **104 658** | **30 838** | **13 429** | **81 951** |
| 89 044 | 24 961 | 10 584 | 65 706 |
| 13 872 | 5 036 | 1 723 | 11 786 |
| 1 742 | 841 | 1 122 | 4 459 |
| **14 613** | **3 100** | **3 507** | **23 212** |
| **4 898** | **745** | **719** | **5 104** |

# 2-6 2001年入境外国旅游
## FOREIGN VISITOR ARRIVALS

| 国籍 NATIONALITY | 合计 TOTAL | 年龄 14岁及以下 UNDER 14 | 年龄 15~24岁 15-24 |
|---|---|---|---|
| **总计 TOTAL** | **11 226 384** | **404 914** | **875 587** |
| **亚洲 ASIA** | **6 982 361** | **211 722** | **518 265** |
| 日本 JAPAN | 2 385 700 | 51 910 | 135 408 |
| 韩国 KOREA | 1 678 836 | 66 051 | 119 343 |
| 蒙古 MONGOLIA | 387 057 | 3 928 | 44 604 |
| 印度尼西亚 INDONESIA | 224 177 | 10 652 | 30 934 |
| 马来西亚 MALAYSIA | 468 613 | 18 520 | 31 780 |
| 菲律宾 PHILIPPINES | 407 990 | 9 587 | 39 990 |
| 新加坡 SINGAPORE | 415 047 | 25 652 | 19 321 |
| 泰国 THAILAND | 298 417 | 13 554 | 21 555 |
| 其他 OTHERS | 716 524 | 11 868 | 75 330 |
| **欧洲 EUROPE** | **2 567 272** | **63 649** | **250 839** |
| 英国 UNITED KINGDOM | 302 527 | 11 251 | 17 727 |
| 法国 FRANCE | 199 523 | 9 292 | 13 148 |
| 德国 GERMANY | 253 354 | 6 054 | 11 693 |
| 意大利 ITALY | 77 684 | 1 415 | 3 191 |
| 瑞士 SWITZERLAND | 30 816 | 1 009 | 1 662 |
| 瑞典 SWEDEN | 52 807 | 2 346 | 3 321 |
| 荷兰 NETHERLANDS | 92 953 | 3 508 | 4 854 |
| 俄罗斯 RUSSIA | 1 196 175 | 19 310 | 170 459 |
| 其他 OTHERS | 361 433 | 9 464 | 24 784 |
| **美洲 AMERICA** | **1 278 383** | **101 422** | **81 586** |
| 美国 U.S.A. | 949 161 | 73 019 | 60 813 |
| 加拿大 CANADA | 253 876 | 22 517 | 15 220 |
| 其他 OTHERS | 75 346 | 5 886 | 5 553 |
| **大洋洲 OCEANIA** | **310 207** | **25 131** | **18 751** |
| 澳大利亚 AUSTRALIA | 255 096 | 20 868 | 15 544 |
| 新西兰 NEW ZEALAND | 44 350 | 3 733 | 2 356 |
| 其他 OTHERS | 10 761 | 530 | 851 |
| **非洲 AFRICA** | **73 263** | **2 585** | **4 765** |
| **其他 OTHERS** | **14 898** | **405** | **1 381** |

资料来源:公安部
SOURCE:MINISTRY OF PUBLIC SECURITY

# 者人数(按国籍、年龄和性别分)

## BY NATIONALITY, AGE & SEX 2001

单　位:人
UNIT:PERSON

| AGE | | | 性　别　SEX | |
|---|---|---|---|---|
| 25～44岁<br>25-44 | 45～64岁<br>45-64 | 65岁及以上<br>OVER 65 | 男<br>MALE | 女<br>FEMALE |
| **5 454 174** | **3 848 374** | **643 335** | **7 288 338** | **3 938 046** |
| **3 405 666** | **2 415 842** | **430 866** | **4 761 883** | **2 220 478** |
| 907 776 | 1 052 206 | 238 400 | 1 750 597 | 635 103 |
| 816 559 | 595 140 | 81 743 | 1 156 499 | 522 337 |
| 276 079 | 58 937 | 3 509 | 198 631 | 188 426 |
| 100 841 | 67 978 | 13 772 | 123 017 | 101 160 |
| 236 886 | 153 992 | 27 435 | 274 007 | 194 606 |
| 277 092 | 73 550 | 7 771 | 284 517 | 123 473 |
| 192 601 | 149 781 | 27 692 | 257 634 | 157 413 |
| 142 065 | 101 046 | 20 197 | 139 875 | 158 542 |
| 455 767 | 163 212 | 10 347 | 577 106 | 139 418 |
| **1 352 207** | **816 239** | **84 338** | **1 455 739** | **1 111 533** |
| 140 072 | 115 848 | 17 629 | 206 909 | 95 618 |
| 85 656 | 76 419 | 15 008 | 125 549 | 73 974 |
| 109 208 | 109 035 | 17 364 | 172 073 | 81 281 |
| 38 091 | 31 578 | 3 409 | 58 121 | 19 563 |
| 14 025 | 12 390 | 1 730 | 20 857 | 9 959 |
| 23 092 | 20 871 | 3 177 | 35 550 | 17 257 |
| 52 525 | 28 755 | 3 311 | 66 687 | 26 266 |
| 700 231 | 297 212 | 8 963 | 517 967 | 678 208 |
| 189 307 | 124 131 | 13 747 | 252 026 | 109 407 |
| **488 793** | **495 633** | **110 949** | **806 500** | **471 883** |
| 340 226 | 384 745 | 90 358 | 597 703 | 351 458 |
| 108 736 | 89 718 | 17 685 | 159 139 | 94 737 |
| 39 831 | 21 170 | 2 906 | 49 658 | 25 688 |
| **153 579** | **98 388** | **14 358** | **197 651** | **112 556** |
| 122 212 | 83 795 | 12 677 | 162 343 | 92 753 |
| 24 011 | 12 789 | 1 461 | 28 582 | 15 768 |
| 7 356 | 1 804 | 220 | 6 726 | 4 035 |
| **46 830** | **17 284** | **1 799** | **57 411** | **15 852** |
| **7 099** | **4 988** | **1025** | **9 154** | **5 744** |

# 2-7 2001年入境外国旅游者人数(按国籍和入境方式分)

## FOREIGN VISITOR ARRIVALS BY NATIONALITY & MODE OF TRANSPORT 2001

单 位:人

UNIT:PERSON

| 国籍 NATIONALITY | 总计 TOTAL | 船舶 SEA | 飞机 AIR | 火车 RAIL | 汽车 MOTOR | 徒步 FOOT |
|---|---|---|---|---|---|---|
| **总计 TOTAL** | **11 226 384** | **1 488 019** | **5 998 988** | **446 345** | **1 762 035** | **1 530 997** |
| **亚洲 ASIA** | **6 982 361** | **992 460** | **4 055 393** | **203 644** | **755 499** | **975 365** |
| 日本 JAPAN | 2 385 700 | 216 673 | 1 712 418 | 30 858 | 179 589 | 246 162 |
| 韩国 KOREA | 1 678 836 | 291 445 | 1 211 811 | 6 895 | 65 258 | 103 427 |
| 蒙古 MONGOLIA | 387 057 | 288 | 25 271 | 75 798 | 283 065 | 2 635 |
| 印度尼西亚 INDONESIA | 224 177 | 43 776 | 78 087 | 6 125 | 23 265 | 72 924 |
| 马来西亚 MALAYSIA | 468 613 | 33 921 | 294 933 | 6 416 | 25 390 | 107 953 |
| 菲律宾 PHILIPPINES | 407 990 | 236 543 | 49 777 | 4 111 | 15 911 | 101 648 |
| 新加坡 SINGAPORE | 415 047 | 19 560 | 272 064 | 7 243 | 24 603 | 91 577 |
| 泰国 THAILAND | 298 417 | 14 194 | 203 459 | 2 061 | 19 410 | 59 293 |
| 其他 OTHERS | 716 524 | 136 060 | 207 573 | 64 137 | 119 008 | 189 746 |
| **欧洲 EUROPE** | **2 567 272** | **331 475** | **1 013 397** | **169 389** | **864 258** | **188 753** |
| 英国 UNITED KINGDOM | 302 527 | 36 488 | 158 273 | 14 995 | 22 242 | 70 529 |
| 法国 FRANCE | 199 523 | 10 705 | 143 244 | 7 246 | 12 814 | 25 514 |
| 德国 GERMANY | 253 354 | 18 585 | 199 309 | 7 621 | 8 526 | 19 313 |
| 意大利 ITALY | 77 684 | 5 880 | 57 187 | 2 983 | 3 923 | 7 711 |
| 瑞士 SWITZERLAND | 30 816 | 2 027 | 23 176 | 1 385 | 1 343 | 2 885 |
| 瑞典 SWEDEN | 52 807 | 5 033 | 38 708 | 2 333 | 1 940 | 4 793 |
| 荷兰 NETHERLANDS | 92 953 | 19 640 | 51 637 | 4 377 | 5 142 | 12 157 |
| 俄罗斯 RUSSIA | 1 196 175 | 162 235 | 114 861 | 119 079 | 796 493 | 3 507 |
| 其他 OTHERS | 361 433 | 70 882 | 227 002 | 9 370 | 11 835 | 42 344 |
| **美洲 AMERICA** | **1 278 383** | **125 580** | **734 663** | **52 252** | **108 913** | **256 975** |
| 美国 U.S.A. | 949 161 | 92 273 | 592 870 | 34 011 | 72 795 | 157 212 |
| 加拿大 CANADA | 253 876 | 24 409 | 114 062 | 14 032 | 27 811 | 73 562 |
| 其他 OTHERS | 75 346 | 8 898 | 27 731 | 4 209 | 8 307 | 26 201 |
| **大洋洲 OCEANIA** | **310 207** | **31 921** | **148 670** | **15 834** | **26 254** | **87 528** |
| 澳大利亚 AUSTRALIA | 255 096 | 25 928 | 128 041 | 12 372 | 21 269 | 67 486 |
| 新西兰 NEW ZEALAND | 44 350 | 4 140 | 19 038 | 2 997 | 4 126 | 14 049 |
| 其他 OTHERS | 10 761 | 1 853 | 1 591 | 465 | 859 | 5 993 |
| **非洲 AFRICA** | **73 263** | **5 605** | **36 235** | **4 496** | **6 225** | **20 702** |
| **其他 OTHERS** | **14 898** | **978** | **10 630** | **730** | **886** | **1 674** |

资料来源:公安部

SOURCE:MINISTRY OF PUBLIC SECURITY

# 三、国际旅游(外汇)收入

# 3. INTERNATIONAL TOURISM RECEIPTS

# 3－1　1978～2001年国际旅游(外汇)收入
## INTERNATIONAL TOURISM RECEIPTS 1978—2001

| 年　份<br>YEAR | 国际旅游(外汇)收入<br>(亿美元)<br>TOURISM RECEIPTS<br>(100Mn. US $) | 发展指数<br>(1978年为100)<br>INDICES<br>(1978=100) | 比上年增长<br>(%)<br>GROWTH<br>(%) |
|---|---|---|---|
| 1978 | 2.63 | 100.00 | — |
| 1979 | 4.49 | 170.90 | 70.90 |
| 1980 | 6.17 | 234.60 | 37.30 |
| 1981 | 7.85 | 298.60 | 27.30 |
| 1982 | 8.43 | 320.70 | 7.40 |
| 1983 | 9.41 | 358.00 | 11.60 |
| 1984 | 11.31 | 430.30 | 20.20 |
| 1985 | 12.50 | 475.50 | 10.50 |
| 1986 | 15.31 | 582.30 | 22.50 |
| 1987 | 18.62 | 708.10 | 21.60 |
| 1988 | 22.47 | 854.60 | 20.70 |
| 1989 | 18.60 | 707.70 | -17.20 |
| 1990 | 22.18 | 843.50 | 19.20 |
| 1991 | 28.45 | 1 082.10 | 28.30 |
| 1992 | 39.47 | 1 501.30 | 38.70 |
| 1993 | 46.83 | 1 781.40 | 18.70 |
| 1994 | 73.23 | 2 785.40 | * |
| 1995 | 87.33 | 3 321.70 | 19.25 |
| 1996 | 102.00 | 3 879.98 | 16.81 |
| 1997 | 120.74 | 4 592.67 | 18.37 |
| 1998 | 126.02 | 4 793.36 | 4.37 |
| 1999 | 140.99 | 5 362.70 | 11.88 |
| 2000 | 162.24 | 6 171.17 | 15.08 |
| 2001 | 177.92 | 6 767.59 | 9.67 |

注：* 由于国家外汇管理体制变化，1994年国际旅游(外汇)收入统计方法也做了相应的改革，采用了与国际接轨的办法，与往年不能作简单对比。

NOTE: * BECAUSE OF THE REFORM IN THE FOREIGN CURRENCY CONTROL SYSTEM, THE METHOD OF CALCULATING TOURISM RECEIPTS IN 1994 HAS ALSO BEEN ADJUSTED AND THE INTERNATIONAL STANDARD IS ADOPTED. IT IS NOT PROPER TO MAKE SIMPLE COMPARISON WITH THE FIGURES OF PREVIOUS YEARS.

# 3－2　2001年国际旅游(外汇)收入构成
# BREAKDOWN OF INTERNATIONAL TOURISM RECEIPTS 2001

单　位:亿美元
UNIT:100Mn.US$

| | 国际旅游收入 TOURISM RECEIPTS | 占总收入比重(%) P.C. TOTAL |
|---|---|---|
| **总　计　TOTAL** | **177.92** | **100.0** |
| 长途交通 LONG-DISTANCE TRANSPORTATION | 50.05 | 28.1 |
| 民　航　AIR | 35.88 | 20.2 |
| 铁　路　RAIL | 5.21 | 2.9 |
| 汽　车　MOTOR | 4.45 | 2.5 |
| 轮　船　SEA | 4.51 | 2.5 |
| 游　览　SIGHTSEEING | 8.02 | 4.5 |
| 住　宿　ACCOMMODATION | 22.42 | 12.6 |
| 餐　饮　FOOD & BEVERAGE | 15.39 | 8.7 |
| 商品销售　SHOPPING | 37.54 | 21.1 |
| 娱　乐　ENTERTAINMENT | 13.77 | 7.7 |
| 邮电通讯　COMMUNICATION | 6.79 | 3.8 |
| 市内交通　LOCAL TRASPORTATION | 6.02 | 3.4 |
| 其他服务　OTHERS | 17.93 | 10.1 |

# 3-3　2001年各月国际旅游(外汇)收入
## MONTHLY INTERNATIONAL TOURISM RECEIPTS 2001

单　位:万美元
UNIT:TEN THOUS. US $

| 月　份 MONTH | 总　计 TOTAL | 外国人 FOREIGNERS | 香港同胞 HONG KONG | 澳门同胞 MACAO | 台湾同胞 TAIWAN PROVINCE |
|---|---|---|---|---|---|
| **全　年 WHOLE YEAR** | **1 779 196** | **851 939** | **450 593** | **201 875** | **274 789** |
| 一　月　JAN. | 123 326 | 49 659 | 39 254 | 15 364 | 19 050 |
| 二　月　FEB. | 122 222 | 57 618 | 31 020 | 13 373 | 20 211 |
| 三　月　MAR. | 147 850 | 70 112 | 39 423 | 15 271 | 23 044 |
| 四　月　APR. | 161 632 | 78 972 | 39 748 | 16 282 | 26 630 |
| 五　月　MAY | 150 397 | 75 134 | 34 813 | 15 536 | 24 914 |
| 六　月　JUNE | 146 488 | 71 506 | 35 704 | 15 739 | 23 539 |
| 七　月　JULY | 153 284 | 73 636 | 37 284 | 16 938 | 25 425 |
| 八　月　AUG. | 166 495 | 81 929 | 40 706 | 18 160 | 25 700 |
| 九　月　SEP. | 150 705 | 75 447 | 36 694 | 17 677 | 20 887 |
| 十　月　OCT. | 159 759 | 80 296 | 36 838 | 18 256 | 24 359 |
| 十一月　NOV. | 144 703 | 68 448 | 37 658 | 18 470 | 20 128 |
| 十二月　DEC. | 152 345 | 69 182 | 41 451 | 20 809 | 20 902 |

# 3-4　2000～2001年主要城市国际旅游(外汇)收入

## INTERNATIONAL TOURISM RECEIPTS BY MAJOR CITIES 2000—2001

单　位:万美元
UNIT:TEN THOUS. US$

| 城市名称<br>NAME OF CITY | 2001年<br>2001 | 2000年<br>2000 | 增长(%)<br>GROWTH(%) |
|---|---|---|---|
| 北　京　BEIJING | 294 599 | 276 800 | 6.4 |
| 天　津　TIANJIN | 28 017 | 23 176 | 20.9 |
| 石家庄　SHIJIAZHUANG | 3 555 | 2 303 | 54.4 |
| 秦皇岛　QINHUANGDAO | 6 235 | 6 096 | 2.3 |
| 承　德　CHENGDE | 2 911 | 3 329 | -12.6 |
| 太　原　TAIYUAN | 1 811 | 2 234 | -18.9 |
| 大　同　DATONG | 1 662 | 1 200 | 38.5 |
| 呼和浩特　HOHHOT | 390 | 546 | -28.6 |
| 沈　阳　SHENYANG | 9 912 | 10 014 | -1.0 |
| 大　连　DALIAN | 30 422 | 23 427 | 29.9 |
| 长　春　CHANGCHUN | 3 073 | 2 262 | 35.9 |
| 吉　林　JILIN | 640 | 431 | 48.5 |
| 延　边　YANBIAN | 3 488 | 2 847 | 22.5 |
| 哈尔滨　HARBIN | 6 701 | 5 772 | 16.1 |
| 上　海　SHANGHAI | 180 771 | 161 267 | 12.1 |
| 南　京　NANJING | 24 377 | 22 107 | 10.3 |
| 无　锡　WUXI | 11 774 | 9 787 | 20.3 |
| 苏　州　SUZHOU | 23 418 | 20 136 | 16.3 |
| 南　通　NANTONG | 5 304 | 4 803 | 10.4 |
| 连云港　LIANYUNGANG | 931 | 791 | 17.7 |
| 杭　州　HANGZHOU | 37 300 | 29 244 | 27.5 |
| 宁　波　NINGBO | 7 125 | 5 588 | 27.5 |
| 温　州　WENZHOU | 4 046 | 3 457 | 17.0 |
| 合　肥　HEFEI | 2 317 | 2 064 | 12.3 |
| 黄　山　HUANGSHAN | 5 013 | 4 059 | 23.5 |
| 福　州　FUZHOU | 23 362 | 22 173 | 5.4 |
| 厦　门　XIAMEN | 31 077 | 29 920 | 3.9 |
| 泉　州　QUANZHOU | 29 781 | 25 428 | 17.1 |

3－4(续1)

| 城市名称 NAME OF CITY | | 2001年 2001 | 2000年 2000 | 增长(%) GROWTH(%) |
|---|---|---|---|---|
| 漳　州 | ZHANGZHOU | 1 777 | 2 902 | －38.8 |
| 南　昌 | NANCHANG | 2 973 | 2 578 | 15.3 |
| 九　江 | JIUJIANG | 911 | 702 | 29.7 |
| 济　南 | JINAN | 4 374 | 3 152 | 38.8 |
| 青　岛 | QINGDAO | 17 751 | 14 213 | 24.9 |
| 烟　台 | YANTAI | 7 876 | 6 096 | 29.2 |
| 威　海 | WEIHAI | 3 734 | 4 203 | －11.2 |
| 郑　州 | ZHENGZHOU | 5 087 | 4 653 | 9.3 |
| 洛　阳 | LUOYANG | 4 408 | 3 261 | 35.2 |
| 武　汉 | WUHAN | 12 140 | 9 847 | 23.3 |
| 长　沙 | CHANGSHA | 10 823 | 8 463 | 27.9 |
| 广　州 | GUANGZHOU | 165 168 | 150 580 | 9.7 |
| 深　圳 | SHENZHEN | 151 056 | 141 669 | 6.6 |
| 珠　海 | ZHUHAI | 43 380 | 39 395 | 10.1 |
| 汕　头 | SHANTOU | 9 100 | 11 705 | －22.3 |
| 湛　江 | ZHANJIANG | 1 104 | 1 004 | 10.0 |
| 中　山 | ZHONGSHAN | 17 331 | 14 692 | 18.0 |
| 南　宁 | NANNING | 1 340 | 1 149 | 16.6 |
| 桂　林 | GUILIN | 20 889 | 22 740 | －8.1 |
| 北　海 | BEIHAI | 731 | 704 | 3.8 |
| 海　口 | HAIKOU | 2 645 | 3 118 | －15.2 |
| 三　亚 | SANYA | 5 161 | 4 639 | 11.3 |
| 重　庆 | CHONGQING | 16 341 | 13 840 | 18.1 |
| 成　都 | CHENGDU | 11 641 | 8 027 | 45.0 |
| 贵　阳 | GUIYANG | 2 960 | 2 380 | 24.4 |
| 昆　明 | KUNMING | 15 824 | 13 707 | 15.4 |
| 拉　萨 | LHASA | 993 | 4 055 | －75.5 |
| 西　安 | XI'AN | 29 002 | 26 000 | 11.5 |
| 兰　州 | LANZHOU | 914 | 1 387 | －34.1 |
| 西　宁 | XINING | 586 | 485 | 20.8 |
| 银　川 | YINCHUAN | 225 | 213 | 5.6 |
| 乌鲁木齐 | URUMQI | 7 582 | 6 875 | 10.3 |

# 3－5　2000～2001 年各地区国际旅游(外汇)收入
## INTERNATIONAL TOURISM RECEIPTS BY LOCALITY 2000—2001

单　位:万美元
UNIT:TEN THOUS. US $

| 地　区 LOCALITY | | 2001 年 2001 | 按收入高低排列名次 POSITION | 2000 年 2000 | 按收入高低排列名次 POSITION | 2001 年比 2000 年增长(%) GROWTH(%) |
|---|---|---|---|---|---|---|
| 北　京 | BEIJING | 294 599 | 2 | 276 800 | 2 | 6.4 |
| 天　津 | TIANJIN | 28 017 | 12 | 23 176 | 12 | 20.9 |
| 河　北 | HEBEI | 15 661 | 18 | 14 190 | 16 | 10.4 |
| 山　西 | SHANXI | 5 947 | 27 | 4 991 | 29 | 19.2 |
| 内蒙古 | INNER MONGOLIA | 13 740 | 19 | 12 645 | 18 | 8.7 |
| 辽　宁 | LIAONING | 46 303 | 7 | 38 265 | 7 | 21.0 |
| 吉　林 | JILIN | 7 579 | 24 | 5 804 | 26 | 30.6 |
| 黑龙江 | HEILONGJIANG | 24 990 | 14 | 18 905 | 14 | 32.2 |
| 上　海 | SHANGHAI | 180 771 | 3 | 161 267 | 3 | 12.1 |
| 江　苏 | JIANGSU | 82 202 | 5 | 72 384 | 5 | 13.6 |
| 浙　江 | ZHEJIANG | 69 889 | 6 | 51 397 | 6 | 36.0 |
| 安　徽 | ANHUI | 10 568 | 22 | 8 621 | 23 | 22.6 |
| 福　建 | FUJIAN | 94 202 | 4 | 89 382 | 4 | 5.4 |
| 江　西 | JIANGXI | 7 030 | 25 | 6 234 | 24 | 12.8 |
| 山　东 | SHANDONG | 38 241 | 8 | 31 513 | 9 | 21.4 |
| 河　南 | HENAN | 13 336 | 20 | 12 390 | 19 | 7.6 |
| 湖　北 | HUBEI | 20 075 | 15 | 14 572 | 15 | 37.8 |
| 湖　南 | HUNAN | 27 070 | 13 | 22 078 | 13 | 22.6 |
| 广　东 | GUANGDONG | 448 351 | 1 | 411 221 | 1 | 9.0 |
| 广　西 | GUANGXI | 30 063 | 11 | 30 661 | 10 | -2.0 |
| 海　南 | HAINAN | 10 602 | 21 | 10 883 | 21 | -2.6 |
| 重　庆 | CHONGQING | 16 341 | 17 | 13 840 | 17 | 18.1 |
| 四　川 | SICHUAN | 16 579 | 16 | 12 187 | 20 | 36.0 |
| 贵　州 | GUIZHOU | 6 873 | 26 | 6 092 | 25 | 12.8 |
| 云　南 | YUNNAN | 36 701 | 9 | 33 902 | 8 | 8.3 |
| 西　藏 | TIBET | 4 638 | 28 | 5 226 | 28 | -11.3 |
| 陕　西 | SHAANXI | 30 871 | 10 | 28 025 | 11 | 10.2 |
| 甘　肃 | GANSU | 4 481 | 29 | 5 463 | 27 | -18.0 |
| 青　海 | QINGHAI | 902 | 30 | 720 | 30 | 25.3 |
| 宁　夏 | NINGXIA | 273 | 31 | 272 | 31 | 0.5 |
| 新　疆 | XINJIANG | 9 856 | 23 | 9 494 | 22 | 3.8 |

# 3-6 2001年入境旅游者人均天消费情况(按地区分)

## THE AVERAGE DAILY PER CAPITA EXPENDITURE BY INTERNATIONAL TOURISTS 2001

| 地区 LOCALITY | | 人均天花费(美元/人天) (US$/NIGHT) | AVERAGE EXPENDITURE 外国人 FOREIGN-ERS | 香港同胞 HONG KONG | 澳门同胞 MACAO | 台湾同胞 TAIWAN PROVINCE |
|---|---|---|---|---|---|---|
| 北京 | BEIJING | 233.82 | 233.23 | 234.92 | 237.22 | 240.26 |
| 天津 | TIANJIN | 183.78 | 181.76 | 189.19 | 190.00 | 195.30 |
| 河北 | HEBEI | 127.01 | 114.52 | 191.62 | 191.61 | 185.70 |
| 山西 | SHANXI | 160.78 | 168.41 | 146.51 | 140.88 | 135.25 |
| 内蒙古 | INNER MONGOLIA | 153.82 | 152.76 | 177.38 | 184.56 | 171.19 |
| 辽宁 | LIAONING | 189.06 | 188.73 | 188.54 | 202.60 | 191.12 |
| 吉林 | JILIN | 157.82 | 158.61 | 161.87 | 82.35 | 151.15 |
| 黑龙江 | HEILONGJIANG | 179.51 | 179.52 | 190.91 | 184.00 | 163.83 |
| 上海 | SHANGHAI | 227.94 | 227.10 | 232.65 | 231.43 | 233.25 |
| 江苏 | JIANGSU | 199.09 | 195.15 | 205.32 | 202.70 | 207.27 |
| 浙江 | ZHEJIANG | 194.86 | 194.52 | 196.25 | 205.01 | 193.24 |
| 安徽 | ANHUI | 178.92 | 180.98 | 181.67 | 171.00 | 169.82 |
| 福建 | FUJIAN | 168.40 | 164.13 | 177.93 | 200.57 | 163.66 |
| 江西 | JIANGXI | 136.35 | 139.74 | 126.60 | 158.13 | 128.15 |
| 山东 | SHANDONG | 195.60 | 196.53 | 198.00 | 196.51 | 188.93 |
| 河南 | HENAN | 137.22 | 135.36 | 140.03 | 155.28 | 137.79 |
| 湖北 | HUBEI | 164.25 | 164.83 | 164.56 | 165.65 | 161.02 |
| 湖南 | HUNAN | 165.22 | 181.45 | 147.70 | 151.12 | 138.17 |
| 广东 | GUANGDONG | 134.91 | 144.37 | 126.95 | 110.82 | 134.98 |
| 广西 | GUANGXI | 155.73 | 159.85 | 149.94 | 168.58 | 137.93 |
| 海南 | HAINAN | 146.83 | 160.23 | 126.02 | 129.23 | 113.15 |
| 重庆 | CHONGQING | 167.66 | 166.61 | 170.09 | 172.64 | 169.64 |
| 四川 | SICHUAN | 163.10 | 165.68 | 168.51 | 159.31 | 151.67 |
| 贵州 | GUIZHOU | 161.35 | 161.12 | 161.09 | 163.29 | 161.68 |
| 云南 | YUNNAN | 171.20 | 168.54 | 163.09 | 173.66 | 189.07 |
| 西藏 | TIBET | 155.78 | 158.73 | 170.00 | 67.13 | 104.09 |
| 陕西 | SHAANXI | 170.89 | 169.69 | 185.09 | 136.01 | 189.81 |
| 甘肃 | GANSU | 154.42 | 154.34 | 154.88 | 156.73 | 151.67 |
| 青海 | QINGHAI | 121.06 | 120.94 | 120.00 | 120.00 | 122.82 |
| 宁夏 | NINGXIA | 130.73 | 130.52 | 131.11 | 138.94 | 129.65 |
| 新疆 | XINJIANG | 147.87 | 141.79 | 203.24 | 201.92 | 159.43 |

资料来源:2001年"入境旅游者在华花费情况抽样调查"

SOURCE:THE 2001 SAMPLING OF EXPENDITURES BY INTERNATIONAL TOURISTS IN CHINA

# 3－7　2001 年入境旅游者

## BREAKDOWN OF THE AVERAGE DAILY PER CAPITA

| 地　区<br>LOCALITY | 人均天消费<br>(美元/人天)<br>EXPENDITURE<br>(US$/NIGHT) | 人均天消费构成(%) | | |
|---|---|---|---|---|
| | | 长途交通<br>LONG－DISTANCE<br>TRANSPORTATION | 游　览<br>SIGHTSEEING | 住　宿<br>ACCOMMO-<br>DATION |
| 北　京　BEIJING | 233.82 | 33.8 | 4.9 | 17.3 |
| 天　津　TIANJIN | 183.78 | 45.4 | 5.2 | 12.6 |
| 河　北　HEBEI | 127.01 | 26.0 | 7.5 | 15.4 |
| 山　西　SHANXI | 160.78 | 34.7 | 3.4 | 10.7 |
| 内蒙古　INNER MONGOLIA | 153.82 | 23.5 | 2.2 | 5.9 |
| 辽　宁　LIAONING | 189.06 | 34.5 | 3.4 | 13.2 |
| 吉　林　JILIN | 157.82 | 33.7 | 2.3 | 12.6 |
| 黑龙江　HEILONGJIANG | 179.51 | 19.4 | 3.5 | 14.5 |
| 上　海　SHANGHAI | 227.94 | 23.6 | 3.3 | 14.7 |
| 江　苏　JIANGSU | 199.09 | 26.5 | 5.1 | 15.5 |
| 浙　江　ZHEJIANG | 194.86 | 21.9 | 3.8 | 15.4 |
| 安　徽　ANHUI | 178.92 | 29.2 | 3.6 | 11.5 |
| 福　建　FUJIAN | 168.40 | 35.3 | 3.3 | 11.4 |
| 江　西　JIANGXI | 136.35 | 27.5 | 4.3 | 12.9 |
| 山　东　SHANDONG | 195.60 | 33.9 | 3.5 | 12.3 |
| 河　南　HENAN | 137.22 | 28.4 | 2.7 | 16.8 |
| 湖　北　HUBEI | 164.25 | 42.8 | 2.3 | 12.8 |
| 湖　南　HUNAN | 165.22 | 36.0 | 6.2 | 13.1 |
| 广　东　GUANGDONG | 134.91 | 34.9 | 2.9 | 12.8 |
| 广　西　GUANGXI | 155.73 | 34.3 | 5.1 | 11.2 |
| 海　南　HAINAN | 146.83 | 28.7 | 2.5 | 17.4 |
| 重　庆　CHONGQING | 167.66 | 47.1 | 4.4 | 9.4 |
| 四　川　SICHUAN | 163.10 | 36.6 | 4.8 | 12.0 |
| 贵　州　GUIZHOU | 161.35 | 28.8 | 2.3 | 11.8 |
| 云　南　YUNNAN | 171.20 | 43.5 | 4.5 | 12.9 |
| 西　藏　TIBET | 155.78 | 32.5 | 0.9 | 15.0 |
| 陕　西　SHAANXI | 170.89 | 27.9 | 4.4 | 12.6 |
| 甘　肃　GANSU | 154.42 | 31.4 | 2.6 | 12.2 |
| 青　海　QINGHAI | 121.06 | 45.5 | 2.2 | 17.2 |
| 宁　夏　NINGXIA | 130.73 | 33.4 | 8.9 | 14.9 |
| 新　疆　XINJIANG | 147.87 | 24.9 | 4.1 | 7.9 |

资料来源:2001 年"入境旅游者在华花费情况抽样调查"

SOURCE:THE 2001 SAMPLING OF EXPENDITURES BY INTERNATIONAL TOURISTS IN CHINA

# 人均天消费构成
## EXPENDITURE BY INTERNATIONAL TOURISTS 2001

BREAKDOWN OF EXPENDITURE(%)

| 餐　饮 FOOD & BEVERAGE | 购　物 SHOPPING | 娱　乐 ENTER-TAINMENT | 邮电通讯 COMMU-NICATION | 市内交通 LOCAL TRAN-SPORTATION | 其他服务 OTHERS |
|---|---|---|---|---|---|
| 9.2 | 19.8 | 7.1 | 2.2 | 3.2 | 2.5 |
| 7.6 | 16.2 | 5.1 | 2.5 | 1.5 | 3.9 |
| 9.9 | 13.7 | 10.2 | 3.5 | 5.5 | 8.3 |
| 6.9 | 18.4 | 4.0 | 6.7 | 2.0 | 13.2 |
| 4.7 | 46.9 | 5.1 | 4.2 | 1.3 | 6.2 |
| 8.9 | 21.2 | 5.7 | 2.7 | 2.3 | 8.1 |
| 10.4 | 19.3 | 4.8 | 4.7 | 1.6 | 10.6 |
| 10.7 | 30.0 | 8.6 | 2.2 | 2.2 | 8.9 |
| 10.1 | 26.7 | 6.6 | 4.1 | 3.1 | 7.8 |
| 10.5 | 24.1 | 7.5 | 3.7 | 2.5 | 4.6 |
| 10.9 | 26.6 | 6.8 | 4.4 | 1.9 | 8.3 |
| 10.2 | 23.5 | 5.6 | 4.6 | 1.9 | 9.9 |
| 9.0 | 17.7 | 7.7 | 3.2 | 1.9 | 10.5 |
| 8.9 | 18.6 | 8.4 | 4.6 | 3.1 | 11.7 |
| 9.9 | 21.0 | 5.8 | 4.2 | 1.5 | 7.9 |
| 9.7 | 17.4 | 13.1 | 3.9 | 1.4 | 6.6 |
| 8.1 | 17.0 | 4.2 | 4.8 | 2.7 | 5.3 |
| 8.8 | 18.2 | 5.0 | 4.5 | 2.2 | 6.0 |
| 8.8 | 15.6 | 6.8 | 3.9 | 1.6 | 12.7 |
| 9.2 | 22.5 | 2.4 | 3.5 | 1.9 | 9.9 |
| 8.9 | 14.3 | 5.5 | 4.3 | 3.3 | 15.1 |
| 6.4 | 14.8 | 6.9 | 2.3 | 4.0 | 4.7 |
| 8.7 | 16.9 | 8.2 | 4.0 | 3.6 | 5.2 |
| 9.9 | 23.2 | 3.3 | 3.2 | 0.3 | 17.2 |
| 5.0 | 15.1 | 5.5 | 3.2 | 2.8 | 7.5 |
| 10.0 | 21.3 | 12.7 | 1.9 | 0.0 | 5.7 |
| 10.4 | 24.0 | 3.7 | 3.2 | 3.1 | 10.7 |
| 10.6 | 27.6 | 3.1 | 4.9 | 0.8 | 6.8 |
| 7.2 | 11.5 | 6.0 | 4.9 | 2.1 | 3.4 |
| 7.9 | 12.1 | 7.5 | 3.2 | 2.9 | 9.2 |
| 8.7 | 37.7 | 4.3 | 3.9 | 2.4 | 6.1 |

# 3－8　2001 年入境旅游者

## (按年龄、性别、

## THE AVERAGE DAILY PER CAPITA

## BY AGE,SEX,

| | | 人均天消费 (美元/人天) EXPENDITURE | 外国人 FOREIGNERS |
|---|---|---|---|
| **总 平 均** | **AVERAGE TOTAL** | **138.76** | **156.77** |
| 14 岁及以下 | UNDER 14 | 122.30 | 122.69 |
| 15～24 岁 | 15—24 | 116.28 | 126.45 |
| 25～44 岁 | 25—44 | 137.93 | 164.81 |
| 45～65 岁 | 45—65 | 148.66 | 160.13 |
| 65 岁及以上 | OVER 65 | 127.68 | 131.96 |
| 男 | MALE | 139.40 | 162.40 |
| 女 | FEMALE | 137.40 | 146.22 |
| 政府工作人员 | OFFICIAL | 134.42 | 142.48 |
| 专业技术人员 | PROFESSIONAL | 135.08 | 151.49 |
| 职　　员 | CLERK | 133.79 | 157.02 |
| 技工/工人 | TECHNICIAN/WORKER | 122.72 | 154.16 |
| 商贸人员 | BUSINESSMAN | 163.23 | 187.37 |
| 服务员/推销员 | WAITER/SALESMAN | 126.53 | 148.69 |
| 退休人员 | RETIRED | 123.48 | 133.20 |
| 家庭妇女 | HOUSEWIFE | 134.00 | 148.20 |
| 军　　人 | ARMYMAN | 112.29 | 149.97 |
| 学　　生 | STUDENT | 107.14 | 114.04 |
| 其　　他 | OTHERS | 130.27 | 144.70 |
| 观光游览 | SIGHTSEEING | 130.72 | 142.03 |
| 休闲度假 | LEISURE/HOLIDAY | 120.89 | 149.37 |
| 探亲访友 | VISITING RELATIVES & FRIENDS | 113.60 | 152.61 |
| 商　　务 | BUSINESS | 169.56 | 187.07 |
| 会　　议 | MEETING | 165.19 | 174.51 |
| 宗教朝拜 | RELIGION/PILGRIMAGE | 125.06 | 128.92 |
| 文体科技交流 | CULTURAL/SPORTS/ SCIENTIFIC EXCHANGE PROGRAMME | 133.94 | 133.20 |
| 其　　他 | OTHERS | 109.25 | 110.55 |

资料来源:2001 年“入境旅游者花费情况抽样调查”

SOURCE: THE 2001 SAMPLING OF EXPENDITURES BY INTERNATIONAL TOURIST IN CHINA

# 人均天消费情况

## 职业和目的分）

## EXPENDITURE BY INTERNATIONAL TOURISTS

## OCCUPATION & PURPOSE 2001

单位:美元/人天

UNIT:US $ /DAILY PER CAPITA

| 香港同胞 HONG KONG | 澳门同胞 MACAO | 台湾同胞 TAIWAN PROVINCE |
|---|---|---|
| **102.41** | **119.94** | **125.95** |
| 175.11 | 78.31 | 63.88 |
| 91.91 | 96.27 | 108.52 |
| 99.83 | 130.56 | 121.49 |
| 115.44 | 115.06 | 134.78 |
| 96.28 | 94.71 | 132.50 |
| 95.36 | 120.19 | 130.66 |
| 125.73 | 119.67 | 117.05 |
| 110.80 | 138.25 | 130.10 |
| 101.57 | 130.46 | 129.09 |
| 101.10 | 134.67 | 122.70 |
| 75.40 | 98.65 | 122.01 |
| 120.15 | 158.67 | 136.06 |
| 94.88 | 101.51 | 107.15 |
| 87.25 | 98.78 | 118.76 |
| 108.81 | 91.43 | 120.26 |
| 55.55 | 85.06 | 46.30 |
| 80.22 | 84.18 | 100.18 |
| 89.41 | 114.77 | 119.27 |
| 110.44 | 112.83 | 116.94 |
| 87.17 | 119.47 | 114.48 |
| 69.25 | 93.85 | 130.63 |
| 128.86 | 160.35 | 145.93 |
| 132.15 | 156.15 | 200.68 |
| 145.73 | — | 106.39 |
| 113.44 | 116.97 | 169.19 |
| 94.12 | 146.85 | 120.93 |

# 四、国内旅游基本情况

# 4. STATISTICS OF DOMESTIC TOURISM

# 4－1　2001年全国国内旅游基本情况

## MAJOR STATISTICS OF DOMESTIC TOURISM 2001

| | 总人次数<br>(亿人次)<br>DOMESTIC<br>TRAVELERS(100Mn.) | *出游率<br>(%)<br>RATE<br>(%) | 总花费(亿元)<br>DOMESTIC TOURISM<br>EXPENDITURE<br>(100Mn. RMB¥) | 人均花费(元)<br>AVERAGE<br>EXPENDITURE PER<br>CAPITA(RMB¥) |
|---|---|---|---|---|
| **全国合计**<br>**TOTAL** | **7.84** | **62.2** | **3 522.37** | **449.5** |
| 城镇居民<br>URBAN RESIDENTS | 3.74 | 110.2 | 2 651.68 | 708.3 |
| 农村农民<br>RURAL RESIDENTS | 4.09 | 44.2 | 870.69 | 212.7 |
| 城镇居民<br>URBAN RESIDENTS | 3.74 | 110.2 | 2 651.68 | 708.3 |
| 一季度<br>JAN.—MAR. | 0.95 | 28.1 | 624.17 | 653.7 |
| 二季度<br>APR.—JUNE | 0.98 | 29.0 | 730.27 | 742.1 |
| 三季度<br>JULY—SEP. | 0.91 | 26.7 | 718.02 | 792.0 |
| 四季度<br>OCT.—DEC. | 0.90 | 26.4 | 579.22 | 644.9 |

注：*出游率指城镇居民或农村农民出游的人次数占其人口数的比重。

NOTE: *RATE IS THE RATIO THAT THE TOTAL AMOUNT OF THE URBAN CITIZENS OR THE RURAL HABITANTS COMPARES TO THE URBAN POPULATION OR THE RURAL POPULATION

# 4－2 2001年城镇居民国内旅游情况(按城市分)

## STATISTICS OF DOMESTIC TOURISM OF URBAN RESIDENTS BY MAJOR CITIES 2001

| 城 市<br>NAME OF CITY | | 人均花费(元)<br>AVERAGE EXPENDITURE PER CAPITA | 比上年增长(%)<br>GROWTH (%) | 出游率(%)<br>RATE (%) | 比上年增长(%)<br>GROWTH (%) |
|---|---|---|---|---|---|
| **总平均** | **AVERAGE TOTAL** | **708.33** | **4.12** | **110.18** | **-5.81** |
| 北京 | BEIJING | 770.33 | 41.34 | 171.95 | -11.11 |
| 天津 | TIANJIN | 389.37 | -30.04 | 199.53 | -87.89 |
| 石家庄 | SHIJIAZHUANG | 572.00 | -15.21 | 117.49 | -17.08 |
| 太原 | TAIYUAN | 812.61 | 34.14 | 76.04 | -2.75 |
| 呼和浩特 | HOHHOT | 881.10 | -20.94 | 70.94 | 13.66 |
| 沈阳 | SHENYANG | 464.41 | 24.22 | 124.18 | 0.83 |
| 大连 | DALIAN | 394.87 | -30.72 | 83.47 | -2.51 |
| 长春 | CHANGCHUN | 1 782.82 | 16.35 | 69.85 | -3.50 |
| 哈尔滨 | HARBIN | 993.59 | 21.72 | 76.48 | -2.19 |
| 上海 | SHANGHAI | 814.96 | 2.15 | 88.97 | -4.06 |
| 南京 | NANJING | 706.49 | -14.40 | 63.26 | 9.39 |
| 无锡 | WUXI | 691.39 | -39.07 | 80.77 | 5.48 |
| 苏州 | SUZHOU | 552.80 | -2.80 | 141.31 | -5.73 |
| 杭州 | HANGZHOU | 746.50 | 4.86 | 119.15 | 9.81 |
| 宁波 | NINGBO | 1 392.92 | 86.30 | 129.52 | -1.83 |
| 合肥 | HEFEI | 723.23 | 29.57 | 91.12 | -1.28 |
| 福州 | FUZHOU | 972.54 | -4.64 | 122.87 | -10.85 |
| 厦门 | XIAMEN | 758.53 | -46.57 | 95.42 | 15.80 |
| 南昌 | NANCHANG | 877.62 | 25.39 | 67.34 | 5.72 |
| 济南 | JINAN | 1 048.20 | 13.11 | 91.59 | 2.00 |
| 青岛 | QINGDAO | 613.64 | 5.38 | 141.66 | 11.79 |
| 郑州 | ZHENGZHOU | 667.51 | 47.82 | 71.61 | 13.28 |
| 武汉 | WUHAN | 711.81 | 38.49 | 91.84 | 0.06 |
| 长沙 | CHANGSHA | 836.33 | 15.22 | 111.49 | -7.04 |
| 广州 | GUANGZHOU | 558.90 | 29.73 | 122.33 | 29.11 |
| 深圳 | SHENZHEN | 1 270.91 | -4.12 | 152.36 | -4.99 |
| 珠海 | ZHUHAI | 1 644.37 | 38.34 | 96.93 | -18.91 |
| 南宁 | NANNING | 697.96 | -12.57 | 94.68 | -0.21 |
| 桂林 | GUILIN | 817.66 | -7.83 | 76.09 | -3.92 |
| 海口 | HAIKOU | 728.08 | 47.02 | 89.13 | -1.49 |
| 重庆 | CHONGQING | 551.51 | 18.08 | 144.30 | 0.77 |
| 成都 | CHENGDU | 406.18 | -16.71 | 108.55 | -3.99 |
| 贵阳 | GUIYANG | 563.11 | -21.30 | 99.17 | 6.44 |
| 昆明 | KUNMING | 467.45 | -24.32 | 164.51 | -42.51 |
| 西安 | XI'AN | 516.91 | 38.51 | 177.59 | -12.21 |
| 兰州 | LANZHOU | 873.42 | -31.67 | 85.49 | -9.40 |
| 西宁 | XINING | 2 068.51 | 56.65 | 59.40 | 2.31 |
| 银川 | YINCHUAN | 1 395.89 | -41.04 | 101.11 | -41.06 |
| 乌鲁木齐 | URUMQI | 1 746.19 | 60.69 | 73.11 | -8.12 |

资料来源:2001年"城镇居民国内旅游抽样调查"

SOURCE: THE 2001 SAMPLING OF DOMESTIC TOURISM IN CHINA

# 4-3 2001年城镇居民出游情况(按性别、年龄分)
## DOMESTIC TOURISM OF URBAN RESIDENTS BY SEX & AGE 2001

| 城市 NAME OF CITY | | 合计 TOTAL (%) | 性别 SEX (%) | | 年龄 AGE (%) | | | | |
|---|---|---|---|---|---|---|---|---|---|
| | | | 男 MALE | 女 FEMALE | 65岁及以上 OVER 65 | 45~64岁 45-64 | 25~44岁 25-44 | 15~24岁 15-24 | 14岁及以下 UNDER 14 |
| **总平均** | **AVERAGE TOTAL** | **100.0** | **47.1** | **52.8** | **6.7** | **38.9** | **36.5** | **11.1** | **6.6** |
| 北京 | BEIJING | 100.0 | 49.1 | 50.8 | 5.6 | 37.2 | 35.5 | 14.0 | 7.5 |
| 天津 | TIANJIN | 100.0 | 43.4 | 56.5 | 4.9 | 37.1 | 35.7 | 16.1 | 5.9 |
| 石家庄 | SHIJIAZHUANG | 100.0 | 50.2 | 49.7 | 5.6 | 37.5 | 41.0 | 10.9 | 4.8 |
| 太原 | TAIYUAN | 100.0 | 46.5 | 53.4 | 6.8 | 31.8 | 39.6 | 11.2 | 10.3 |
| 呼和浩特 | HOHHOT | 100.0 | 46.2 | 53.7 | 12.8 | 33.3 | 36.3 | 9.0 | 8.3 |
| 沈阳 | SHENYANG | 100.0 | 43.4 | 56.5 | 2.1 | 47.9 | 31.4 | 12.6 | 5.7 |
| 大连 | DALIAN | 100.0 | 41.9 | 58.0 | 11.1 | 46.1 | 23.4 | 12.5 | 6.6 |
| 长春 | CHANGCHUN | 100.0 | 60.0 | 40.0 | 10.0 | 16.9 | 63.8 | 6.9 | 2.3 |
| 哈尔滨 | HARBIN | 100.0 | 45.5 | 54.5 | 9.5 | 36.5 | 38.0 | 12.0 | 4.0 |
| 上海 | SHANGHAI | 100.0 | 41.7 | 58.2 | 12.5 | 52.7 | 19.5 | 11.2 | 3.9 |
| 南京 | NANJING | 100.0 | 53.2 | 46.7 | 11.2 | 48.3 | 27.4 | 9.6 | 3.2 |
| 无锡 | WUXI | 100.0 | 54.0 | 45.9 | 13.1 | 50.8 | 21.3 | 14.7 | — |
| 苏州 | SUZHOU | 100.0 | 52.5 | 47.4 | 14.4 | 47.4 | 25.7 | 11.3 | 1.0 |
| 杭州 | HANGZHOU | 100.0 | 54.8 | 45.1 | 4.3 | 46.5 | 36.2 | 11.6 | 1.3 |
| 宁波 | NINGBO | 100.0 | 45.3 | 54.6 | 4.6 | 42.4 | 32.7 | 13.6 | 6.4 |
| 合肥 | HEFEI | 100.0 | 54.1 | 45.8 | 3.5 | 25.2 | 54.7 | 11.1 | 5.2 |
| 福州 | FUZHOU | 100.0 | 50.1 | 49.8 | 5.4 | 35.1 | 43.6 | 10.4 | 5.4 |
| 厦门 | XIAMEN | 100.0 | 40.0 | 60.0 | 2.7 | 32.7 | 44.5 | 10.0 | 10.0 |
| 南昌 | NANCHANG | 100.0 | 41.9 | 58.0 | 3.8 | 47.6 | 39.0 | 7.6 | 1.9 |
| 济南 | JINAN | 100.0 | 42.1 | 57.8 | 2.9 | 16.9 | 53.2 | 11.6 | 15.2 |
| 青岛 | QINGDAO | 100.0 | 48.7 | 51.2 | 2.5 | 34.5 | 47.6 | 8.7 | 6.5 |
| 郑州 | ZHENGZHOU | 100.0 | 49.4 | 50.5 | 17.1 | 27.6 | 36.4 | 10.9 | 7.8 |
| 武汉 | WUHAN | 100.0 | 42.3 | 57.6 | 8.7 | 35.3 | 36.3 | 12.5 | 6.9 |
| 长沙 | CHANGSHA | 100.0 | 49.1 | 50.8 | 2.8 | 39.8 | 45.0 | 7.5 | 4.6 |
| 广州 | GUANGZHOU | 100.0 | 47.6 | 52.3 | 3.5 | 34.0 | 34.9 | 11.6 | 15.8 |
| 深圳 | SHENZHEN | 100.0 | 51.6 | 48.3 | 2.7 | 25.1 | 55.1 | 13.6 | 3.2 |
| 珠海 | ZHUHAI | 100.0 | 46.7 | 53.2 | 11.6 | 29.8 | 44.1 | 3.8 | 10.3 |
| 南宁 | NANNING | 100.0 | 44.8 | 55.1 | 7.9 | 37.5 | 39.7 | 9.0 | 5.6 |
| 桂林 | GUILIN | 100.0 | 42.6 | 57.3 | 3.2 | 34.4 | 36.0 | 16.3 | 9.8 |
| 海口 | HAIKOU | 100.0 | 62.5 | 37.5 | 10.4 | 45.8 | 35.4 | 4.1 | 4.1 |
| 重庆 | CHONGQING | 100.0 | 41.9 | 58.0 | 5.0 | 35.9 | 40.3 | 9.3 | 9.3 |
| 成都 | CHENGDU | 100.0 | 51.5 | 48.4 | 24.2 | 36.3 | 21.2 | 12.1 | 6.0 |
| 贵阳 | GUIYANG | 100.0 | 42.1 | 57.8 | 9.0 | 40.0 | 30.1 | 14.0 | 6.6 |
| 昆明 | KUNMING | 100.0 | 44.6 | 55.3 | 9.3 | 44.6 | 38.3 | 4.0 | 3.5 |
| 西安 | XI'AN | 100.0 | 52.9 | 47.0 | 11.8 | 49.7 | 22.6 | 7.6 | 8.0 |
| 兰州 | LANZHOU | 100.0 | 53.8 | 46.1 | 4.6 | 34.2 | 41.7 | 11.5 | 7.7 |
| 西宁 | XINING | 100.0 | 44.4 | 55.5 | 7.4 | 38.8 | 42.5 | 3.7 | 7.4 |
| 银川 | YINCHUAN | 100.0 | 49.1 | 50.8 | 7.3 | 26.0 | 51.3 | 10.8 | 4.3 |
| 乌鲁木齐 | URUMQI | 100.0 | 51.0 | 48.9 | 3.5 | 33.3 | 51.0 | 7.8 | 4.2 |

资料来源:2001年"城镇居民国内旅游抽样调查"

SOURCE: THE 2001 SAMPLING OF DOMESTIC TOURISM IN CHINA

# 4－4　2001年城镇居民出游

# DOMESTIC TOURISM EXPENDITURE

| 城　　市<br>NAME OF CITY | | 性别 SEX<br>男<br>MALE | 性别 SEX<br>女<br>FEMALE | 65岁及以上<br>OVER 65 |
|---|---|---|---|---|
| **总 平 均** | **AVERAGE TOTAL** | **857.3** | **683.6** | **785.6** |
| 北　　京 | BEIJING | 814.4 | 653.6 | 765.0 |
| 天　　津 | TIANJIN | 495.6 | 366.6 | 296.0 |
| 石 家 庄 | SHIJIAZHUANG | 768.8 | 691.5 | 517.1 |
| 太　　原 | TAIYUAN | 579.0 | 653.5 | 699.5 |
| 呼和浩特 | HOHHOT | 1 105.6 | 809.3 | 1 599.4 |
| 沈　　阳 | SHENYANG | 469.7 | 385.9 | 360.4 |
| 大　　连 | DALIAN | 380.6 | 360.9 | 169.0 |
| 长　　春 | CHANGCHUN | 2 050.4 | 1 650.8 | 2 348.7 |
| 哈 尔 滨 | HARBIN | 1 027.3 | 1 139.7 | 1 130.4 |
| 上　　海 | SHANGHAI | 919.2 | 712.6 | 509.6 |
| 南　　京 | NANJING | 856.5 | 814.0 | 780.1 |
| 无　　锡 | WUXI | 1 061.1 | 646.3 | 756.3 |
| 苏　　州 | SUZHOU | 860.5 | 707.2 | 526.0 |
| 杭　　州 | HANGZHOU | 881.7 | 839.4 | 1 309.2 |
| 宁　　波 | NINGBO | 3 582.7 | 991.8 | 553.0 |
| 合　　肥 | HEFEI | 1 017.5 | 643.4 | 480.2 |
| 福　　州 | FUZHOU | 712.4 | 680.2 | 366.1 |
| 厦　　门 | XIAMEN | 1 058.1 | 973.2 | 1 157.0 |
| 南　　昌 | NANCHANG | 711.2 | 1 187.0 | 478.8 |
| 济　　南 | JINAN | 1 539.4 | 665.5 | 1 403.2 |
| 青　　岛 | QINGDAO | 792.9 | 586.9 | 1 031.6 |
| 郑　　州 | ZHENGZHOU | 641.1 | 636.7 | 929.4 |
| 武　　汉 | WUHAN | 752.2 | 594.4 | 452.2 |
| 长　　沙 | CHANGSHA | 1 270.5 | 998.0 | 1 708.1 |
| 广　　州 | GUANGZHOU | 609.3 | 660.0 | 1 229.5 |
| 深　　圳 | SHENZHEN | 1 227.5 | 1 458.7 | 1 021.7 |
| 珠　　海 | ZHUHAI | 1 674.1 | 1 930.9 | 2 564.5 |
| 南　　宁 | NANNING | 861.2 | 880.5 | 668.3 |
| 桂　　林 | GUILIN | 899.6 | 773.2 | 565.4 |
| 海　　口 | HAIKOU | 1 236.0 | 880.5 | 444.0 |
| 重　　庆 | CHONGQING | 618.2 | 520.5 | 418.7 |
| 成　　都 | CHENGDU | 439.7 | 978.6 | 759.0 |
| 贵　　阳 | GUIYANG | 566.2 | 500.3 | 211.0 |
| 昆　　明 | KUNMING | 695.0 | 673.4 | 606.2 |
| 西　　安 | XI'AN | 568.5 | 563.1 | 852.9 |
| 兰　　州 | LANZHOU | 878.5 | 728.0 | 1 775.0 |
| 西　　宁 | XINING | 3 056.9 | 1 805.2 | 4 334.6 |
| 银　　川 | YINCHUAN | 1 460.4 | 1 108.0 | 1 390.2 |
| 乌鲁木齐 | URUMQI | 1 009.6 | 1 194.2 | 4 847.5 |

资料来源:2001年"城镇居民国内旅游抽样调查"

SOURCE: THE 2001 SAMPLING OF DOMESTIC TOURISM IN CHINA

# 花费情况(按性别、年龄分)

## OF URBAN RESIDENTS BY SEX & AGE 2001

单位:元/人 UNIT:RMB¥/PERSON

| 年龄 AGE | | | |
|---|---|---|---|
| 45～64 岁<br>45－64 | 25～44 岁<br>25－44 | 15～24 岁<br>15－24 | 14 岁及以下<br>UNDER 14 |
| **746.7** | **885.1** | **635.1** | **413.3** |
| 848.1 | 727.7 | 561.9 | 478.7 |
| 402.6 | 413.7 | 624.4 | 158.6 |
| 845.8 | 738.8 | 448.5 | 648.2 |
| 484.1 | 724.8 | 800.8 | 377.1 |
| 1 197.9 | 743.1 | 466.6 | 339.3 |
| 414.2 | 477.4 | 327.7 | 421.2 |
| 409.3 | 362.3 | 572.1 | 66.8 |
| 2 605.5 | 1 752.1 | 1 092.7 | 887.3 |
| 890.1 | 1 340.5 | 1 109.0 | 345.0 |
| 696.5 | 1 187.2 | 1 038.3 | 481.3 |
| 815.7 | 963.5 | 794.6 | 396.0 |
| 607.3 | 1 679.4 | 711.7 | — |
| 837.3 | 1 033.1 | 408.2 | 220.0 |
| 892.3 | 805.5 | 815.9 | 333.6 |
| 898.3 | 4 953.3 | 565.5 | 930.7 |
| 929.1 | 923.1 | 566.2 | 483.8 |
| 725.9 | 725.8 | 797.1 | 402.0 |
| 976.5 | 1 283.5 | 487.2 | 355.6 |
| 974.9 | 1 138.0 | 776.3 | 86.4 |
| 962.4 | 1 244.3 | 906.1 | 401.9 |
| 1 042.6 | 487.5 | 441.1 | 460.7 |
| 576.8 | 550.8 | 434.3 | 916.8 |
| 610.6 | 797.5 | 691.7 | 413.8 |
| 854.7 | 1 417.4 | 804.7 | 910.7 |
| 696.9 | 662.3 | 571.7 | 359.8 |
| 1 436.2 | 1 389.6 | 1 176.4 | 694.7 |
| 2 120.6 | 1 580.4 | 3 675.5 | 352.7 |
| 1 024.9 | 810.2 | 728.5 | 807.3 |
| 1 053.2 | 803.5 | 740.9 | 353.1 |
| 1 001.8 | 1 227.7 | 2 750.0 | 1 149.5 |
| 570.0 | 586.6 | 607.6 | 451.8 |
| 795.7 | 374.8 | 1 113.8 | 217.3 |
| 719.0 | 492.2 | 426.1 | 187.3 |
| 784.3 | 588.7 | 848.4 | 442.5 |
| 622.8 | 478.4 | 393.6 | 204.0 |
| 872.6 | 779.2 | 559.9 | 479.1 |
| 2 751.6 | 1 977.1 | 2 398.0 | 533.0 |
| 1 532.1 | 1 336.2 | 724.5 | 331.9 |
| 1 377.5 | 785.2 | 531.5 | 622.4 |

# 4－5　2001 年城镇居民

## DOMESTIC TOURISM OF URBAN

| 城　　市<br>NAME OF CITY | | 合　计<br>TOTAL<br>(%) | 出游目的(%)<br>观光游览<br>SIGHTSEEING | 探亲访友<br>VISITING RELATIVES & FRIENDS |
|---|---|---|---|---|
| **总 平 均** | **AVERAGE TOTAL** | **100.0** | **39.3** | **25.2** |
| 北　　京 | BEIJING | 100.0 | 40.8 | 20.1 |
| 天　　津 | TIANJIN | 100.0 | 27.0 | 35.8 |
| 石 家 庄 | SHIJIAZHUANG | 100.0 | 56.7 | 17.0 |
| 太　　原 | TAIYUAN | 100.0 | 40.5 | 31.8 |
| 呼和浩特 | HOHHOT | 100.0 | 25.7 | 52.2 |
| 沈　　阳 | SHENYANG | 100.0 | 47.4 | 14.5 |
| 大　　连 | DALIAN | 100.0 | 19.9 | 21.3 |
| 长　　春 | CHANGCHUN | 100.0 | 25.3 | 23.0 |
| 哈 尔 滨 | HARBIN | 100.0 | 30.5 | 25.0 |
| 上　　海 | SHANGHAI | 100.0 | 65.4 | 14.7 |
| 南　　京 | NANJING | 100.0 | 57.2 | 31.4 |
| 无　　锡 | WUXI | 100.0 | 42.6 | 29.5 |
| 苏　　州 | SUZHOU | 100.0 | 37.1 | 31.9 |
| 杭　　州 | HANGZHOU | 100.0 | 31.8 | 30.8 |
| 宁　　波 | NINGBO | 100.0 | 58.2 | 13.6 |
| 合　　肥 | HEFEI | 100.0 | 33.5 | 32.3 |
| 福　　州 | FUZHOU | 100.0 | 32.8 | 28.9 |
| 厦　　门 | XIAMEN | 100.0 | 41.3 | 30.4 |
| 南　　昌 | NANCHANG | 100.0 | 39.0 | 36.1 |
| 济　　南 | JINAN | 100.0 | 64.9 | 20.4 |
| 青　　岛 | QINGDAO | 100.0 | 41.0 | 23.6 |
| 郑　　州 | ZHENGZHOU | 100.0 | 47.3 | 33.3 |
| 武　　汉 | WUHAN | 100.0 | 28.6 | 29.3 |
| 长　　沙 | CHANGSHA | 100.0 | 24.2 | 39.8 |
| 广　　州 | GUANGZHOU | 100.0 | 58.2 | 21.2 |
| 深　　圳 | SHENZHEN | 100.0 | 37.4 | 37.1 |
| 珠　　海 | ZHUHAI | 100.0 | 62.3 | 23.3 |
| 南　　宁 | NANNING | 100.0 | 44.8 | 25.5 |
| 桂　　林 | GUILIN | 100.0 | 34.4 | 39.3 |
| 海　　口 | HAIKOU | 100.0 | 16.6 | 35.4 |
| 重　　庆 | CHONGQING | 100.0 | 50.0 | 19.6 |
| 成　　都 | CHENGDU | 100.0 | 30.3 | 9.0 |
| 贵　　阳 | GUIYANG | 100.0 | 42.1 | 11.5 |
| 昆　　明 | KUNMING | 100.0 | 24.3 | 16.7 |
| 西　　安 | XI'AN | 100.0 | 27.1 | 40.9 |
| 兰　　州 | LANZHOU | 100.0 | 28.6 | 41.4 |
| 西　　宁 | XINING | 100.0 | 16.6 | 24.0 |
| 银　　川 | YINCHUAN | 100.0 | 40.4 | 20.4 |
| 乌鲁木齐 | URUMQI | 100.0 | 29.7 | 34.0 |

资料来源:2001 年"城镇居民国内旅游抽样调查"
SOURCE: THE 2001 SAMPLING OF DOMESTIC TOURISM IN CHINA

# 出游情况(按出游目的分)

# RESIDENTS BY PURPOSE 2001

TRAVEL PURPOSE(%)

| 商　务<br>BUSINESS | 会　议<br>MEETING | 度假休闲<br>HOLIDAY | 宗教/朝拜<br>RELIGION PILGRTMAGE | 文体交流<br>CULTURAL/SPORTS EXCHANGE PROGRAMME | 其　他<br>OTHER |
|---|---|---|---|---|---|
| **3.7** | **6.0** | **17.7** | **1.0** | **2.0** | **4.8** |
| 2.0 | 4.8 | 27.1 | 0.3 | 3.5 | 1.0 |
| 9.0 | 6.6 | 8.6 | 0.6 | 1.7 | 10.4 |
| 0.8 | 8.7 | 10.9 | — | 0.8 | 4.8 |
| 0.8 | — | 19.8 | — | 0.8 | 6.0 |
| — | 8.3 | 6.0 | — | — | 7.5 |
| 5.4 | 5.7 | 19.3 | 0.1 | 1.4 | 5.7 |
| 0.3 | 5.5 | 46.5 | — | 0.3 | 5.9 |
| 17.6 | 10.7 | 13.0 | — | 1.5 | 8.4 |
| 0.5 | 11.5 | 16.5 | — | 5.0 | 11.0 |
| 0.2 | 1.7 | 13.8 | 1.5 | 2.4 | — |
| 0.8 | 1.6 | 3.2 | 1.6 | — | 4.0 |
| 6.5 | 14.7 | 4.9 | — | 1.6 | — |
| 7.2 | 9.2 | 8.2 | — | 3.0 | 3.0 |
| 9.6 | 11.9 | 7.3 | 0.9 | 2.9 | 4.3 |
| 5.3 | 6.8 | 7.1 | 4.6 | 2.1 | 1.7 |
| 9.4 | 14.1 | 1.7 | 0.5 | 3.5 | 4.7 |
| 8.4 | 10.0 | 16.2 | 1.5 | 1.9 | — |
| 2.2 | 6.8 | 9.0 | 4.5 | 2.7 | 2.7 |
| 1.9 | 0.9 | 11.4 | — | 1.9 | 8.5 |
| — | 6.4 | 1.1 | — | 5.8 | 1.1 |
| 5.8 | 14.9 | 5.0 | — | 4.0 | 5.4 |
| 3.1 | 0.5 | 5.7 | — | 3.1 | 6.7 |
| 1.7 | 3.8 | 27.6 | 0.3 | 0.3 | 8.0 |
| 6.9 | 10.9 | 12.1 | 0.5 | 3.4 | 1.7 |
| 0.2 | 3.1 | 8.5 | 4.9 | 2.4 | 1.2 |
| 1.9 | 6.2 | 13.6 | 0.2 | 0.2 | 3.0 |
| — | 2.5 | 3.8 | 1.2 | 1.2 | 5.1 |
| 2.2 | 5.1 | 6.2 | 6.2 | 2.2 | 7.3 |
| 1.6 | 1.6 | 8.1 | 1.6 | 11.4 | 1.6 |
| — | 2.0 | 4.1 | 20.8 | 2.0 | 18.7 |
| 1.4 | 4.9 | 20.7 | — | 1.1 | 2.1 |
| — | 6.0 | 51.5 | 3.0 | — | — |
| 0.8 | 3.3 | 32.6 | 0.4 | 2.4 | 6.6 |
| 1.0 | 3.5 | 43.9 | 2.5 | 1.2 | 6.5 |
| 7.1 | 4.7 | 8.5 | 0.4 | 0.5 | 10.3 |
| 0.9 | 5.6 | 15.5 | — | 0.9 | 6.8 |
| 1.8 | 7.4 | 24.0 | — | 1.8 | 24.0 |
| 6.0 | 6.5 | 20.0 | — | 2.1 | 4.3 |
| 4.9 | 7.0 | 15.6 | — | 4.9 | 3.5 |

# 4－6　2001 年城镇居民
## DOMESTIC TOURISM EXPENDITURE OF

| 城　　市<br>NAME OF CITY | | 观光游览<br>SIGHTSEEING | 探亲访友<br>VISITING RELATIVES & FRIENDS | 商　　务<br>BUSINESS |
|---|---|---|---|---|
| **总 平 均** | **AVERAGE TOTAL** | **868.3** | **575.9** | **1 171.9** |
| 北　　京 | BEIJING | 637.2 | 631.0 | 2 555.8 |
| 天　　津 | TIANJIN | 503.8 | 277.2 | 491.4 |
| 石 家 庄 | SHIJIAZHUANG | 754.6 | 435.2 | 1 131.4 |
| 太　　原 | TAIYUAN | 801.6 | 493.3 | 264.0 |
| 呼和浩特 | HOHHOT | 1 344.7 | 550.2 | — |
| 沈　　阳 | SHENYANG | 396.4 | 461.9 | 719.1 |
| 大　　连 | DALIAN | 777.5 | 341.4 | 330.0 |
| 长　　春 | CHANGCHUN | 1 831.0 | 1 131.3 | 1 984.1 |
| 哈 尔 滨 | HARBIN | 1 629.9 | 1 034.6 | 1 287.0 |
| 上　　海 | SHANGHAI | 728.9 | 793.0 | 7 700.0 |
| 南　　京 | NANJING | 925.3 | 700.8 | 561.0 |
| 无　　锡 | WUXI | 868.4 | 394.8 | 783.5 |
| 苏　　州 | SUZHOU | 921.3 | 356.6 | 350.6 |
| 杭　　州 | HANGZHOU | 1 123.7 | 610.3 | 842.2 |
| 宁　　波 | NINGBO | 2 866.3 | 962.9 | 1 338.6 |
| 合　　肥 | HEFEI | 660.9 | 482.3 | 1 594.6 |
| 福　　州 | FUZHOU | 879.8 | 468.2 | 791.8 |
| 厦　　门 | XIAMEN | 1 067.0 | 480.8 | 3 197.7 |
| 南　　昌 | NANCHANG | 1 091.1 | 724.1 | 553.3 |
| 济　　南 | JINAN | 612.5 | 563.3 | — |
| 青　　岛 | QINGDAO | 398.3 | 464.3 | 1 565.1 |
| 郑　　州 | ZHENGZHOU | 971.8 | 312.0 | 196.9 |
| 武　　汉 | WUHAN | 942.0 | 481.0 | 914.3 |
| 长　　沙 | CHANGSHA | 1 544.8 | 563.5 | 2 295.3 |
| 广　　州 | GUANGZHOU | 876.3 | 317.3 | 2 475.0 |
| 深　　圳 | SHENZHEN | 1 518.2 | 1 156.7 | 1 220.7 |
| 珠　　海 | ZHUHAI | 1 818.9 | 1 394.2 | — |
| 南　　宁 | NANNING | 1 146.1 | 676.6 | 286.6 |
| 桂　　林 | GUILIN | 753.8 | 855.4 | 275.0 |
| 海　　口 | HAIKOU | 2 630.9 | 717.4 | — |
| 重　　庆 | CHONGQING | 520.6 | 463.2 | 850.5 |
| 成　　都 | CHENGDU | 1 754.5 | 391.6 | — |
| 贵　　阳 | GUIYANG | 449.9 | 590.0 | — |
| 昆　　明 | KUNMING | 1163.2 | 769.1 | 2 733.5 |
| 西　　安 | XI'AN | 799.5 | 375.8 | 1 007.4 |
| 兰　　州 | LANZHOU | 1 087.0 | 632.9 | 1 969.0 |
| 西　　宁 | XINING | 1 517.0 | 1 350.6 | 1 389.3 |
| 银　　川 | YINCHUAN | 1 070.5 | 1 330.6 | 1 573.6 |
| 乌鲁木齐 | URUMQI | 1 083.6 | 1 087.9 | 770.9 |

资料来源:2001 年“城镇居民国内旅游抽样调查”
SOURCE: THE 2001 SAMPLING OF DOMESTIC TOURISM IN CHINA

## 出游花费情况(按出游目的分)
## URBAN RESIDENTS BY PURPOSE 2001

单　位:元/人

UNIT:RMB¥/PERSON

| 公务会议 PUBLIC AFFAIRS & MEETING | 度假休闲 HOLIDAY | 宗教/朝拜 RELIGION PILGRIMAGE | 文体交流 CULTURAL/SPORTS EXCHANGE PROGRAMME | 其　他 OTHERS |
|---|---|---|---|---|
| **1 605.6** | **441.1** | **357.1** | **1 155.5** | **658.4** |
| 2 508.4 | 430.4 | 100.4 | 1 021.7 | 1 514.8 |
| 909.1 | 176.2 | 324.3 | 184.3 | 589.3 |
| 1 057.4 | 846.9 | — | 1 694.6 | 382.7 |
| — | 465.8 | — | 1 023.0 | 550.0 |
| 2 394.2 | 1 286.7 | — | — | 458.2 |
| 782.1 | 338.7 | 522.5 | 226.9 | 222.0 |
| 984.4 | 121.4 | — | 2 134.0 | 357.3 |
| 3 736.9 | 1 746.2 | — | 1 171.5 | 1 948.1 |
| 1 502.0 | 538.3 | — | 587.4 | 321.9 |
| 2 094.1 | 892.0 | 471.3 | 836.3 | — |
| 908.1 | 1 192.1 | 222.2 | — | 624.4 |
| 1 321.6 | 2 223.5 | — | 1730.3 | — |
| 2 367.4 | 339.9 | — | 1 741.7 | 163.2 |
| 602.4 | 989.4 | 1230.2 | 672.8 | 1 337.3 |
| 2 554.7 | 826.0 | 404.8 | 1 704.8 | 123.6 |
| 1 005.8 | 733.7 | 1430.0 | 2 603.3 | 1 337.3 |
| 1 323.9 | 256.8 | 179.6 | 1 421.2 | — |
| 1 448.3 | 1 253.8 | 535.3 | 2 034.5 | 1 986.1 |
| 2 479.4 | 1 814.8 | — | 1 373.4 | 371.3 |
| 6 492.1 | 319.0 | — | 1 484.0 | 1 067.0 |
| 1 503.8 | 105.3 | — | 1 229.7 | 808.1 |
| 8.8 | 643.0 | — | 125.8 | 403.8 |
| 1 444.6 | 451.3 | 1 981.1 | 2 381.5 | 476.4 |
| 1 604.1 | 821.5 | 305.8 | 2 081.6 | 1 329.2 |
| 730.8 | 191.1 | 118.0 | 222.3 | 221.5 |
| 2 102.9 | 1 049.2 | 2 959.0 | 2 464.0 | 917.0 |
| 2 926.0 | 4 427.5 | 330.0 | 110.0 | 1 865.3 |
| 917.3 | 513.6 | 371.4 | 746.6 | 794.3 |
| 440.0 | 216.5 | 654.5 | 1 604.1 | 412.5 |
| 4 411.0 | 2 200.0 | 282.7 | 3 663.0 | 487.1 |
| 1 640.6 | 397.9 | — | 1 824.4 | 660.9 |
| 401.5 | 209.1 | 55.0 | — | — |
| 1 757.9 | 277.6 | 23.1 | 679.1 | 308.8 |
| 1 584.5 | 317.5 | 162.8 | 2 468.4 | 180.4 |
| 1 867.4 | 98.6 | 513.0 | 401.5 | 192.4 |
| 1 517.4 | 168.9 | — | 1 620.7 | 637.0 |
| 3 367.4 | 2 010.3 | — | 5 555.0 | 3 827.9 |
| 2 841.0 | 887.6 | — | 2 563.0 | 1 427.8 |
| 1 737.1 | 268.8 | — | 2 111.2 | 2 780.8 |

# 4－7　2001 年城镇居民

## DOMESTIC TOURISM OF URBAN

| 城　市<br>NAME OF CITY | | 合　计<br>TOTAL<br>(%) | 按职业分(%)<br>公务员<br>OFFICIAL | 企事业管理人员<br>MANAGEMENT |
|---|---|---|---|---|
| **总平均** | **AVERAGE TOTAL** | **100.0** | **6.1** | **14.9** |
| 北　京 | BEIJING | 100.0 | 7.8 | 17.6 |
| 天　津 | TIANJIN | 100.0 | 4.6 | 13.0 |
| 石家庄 | SHIJIAZHUANG | 100.0 | 7.4 | 9.6 |
| 太　原 | TAIYUAN | 100.0 | 3.4 | 7.7 |
| 呼和浩特 | HOHHOT | 100.0 | 9.8 | 21.2 |
| 沈　阳 | SHENYANG | 100.0 | 6.1 | 14.6 |
| 大　连 | DALIAN | 100.0 | 3.8 | 13.2 |
| 长　春 | CHANGCHUN | 100.0 | 10.7 | 25.3 |
| 哈尔滨 | HARBIN | 100.0 | 12.5 | 7.0 |
| 上　海 | SHANGHAI | 100.0 | 2.4 | 12.0 |
| 南　京 | NANJING | 100.0 | 4.8 | 8.0 |
| 无　锡 | WUXI | 100.0 | 6.5 | 9.8 |
| 苏　州 | SUZHOU | 100.0 | 1.0 | 40.2 |
| 杭　州 | HANGZHOU | 100.0 | 5.9 | 19.2 |
| 宁　波 | NINGBO | 100.0 | 5.7 | 16.9 |
| 合　肥 | HEFEI | 100.0 | 9.4 | 14.1 |
| 福　州 | FUZHOU | 100.0 | 5.4 | 20.4 |
| 厦　门 | XIAMEN | 100.0 | 8.1 | 8.1 |
| 南　昌 | NANCHANG | 100.0 | — | 16.1 |
| 济　南 | JINAN | 100.0 | 2.3 | 24.5 |
| 青　岛 | QINGDAO | 100.0 | 4.0 | 30.9 |
| 郑　州 | ZHENGZHOU | 100.0 | 8.8 | 7.8 |
| 武　汉 | WUHAN | 100.0 | 3.4 | 12.5 |
| 长　沙 | CHANGSHA | 100.0 | 12.7 | 23.1 |
| 广　州 | GUANGZHOU | 100.0 | 2.4 | 15.1 |
| 深　圳 | SHENZHEN | 100.0 | 15.8 | 23.7 |
| 珠　海 | ZHUHAI | 100.0 | 2.5 | 35.0 |
| 南　宁 | NANNING | 100.0 | 13.0 | 14.7 |
| 桂　林 | GUILIN | 100.0 | 6.5 | 8.1 |
| 海　口 | HAIKOU | 100.0 | 2.0 | 14.5 |
| 重　庆 | CHONGQING | 100.0 | 5.7 | 15.8 |
| 成　都 | CHENGDU | 100.0 | 12.1 | — |
| 贵　阳 | GUIYANG | 100.0 | 3.3 | 7.8 |
| 昆　明 | KUNMING | 100.0 | 3.5 | 6.5 |
| 西　安 | XI'AN | 100.0 | 4.9 | 7.3 |
| 兰　州 | LANZHOU | 100.0 | 7.1 | 9.0 |
| 西　宁 | XINING | 100.0 | 11.1 | 20.3 |
| 银　川 | YINCHUAN | 100.0 | 6.9 | 13.0 |
| 乌鲁木齐 | URUMQI | 100.0 | 6.3 | 15.6 |

资料来源:2001 年"城镇居民国内旅游抽样调查"

SOURCE: THE 2001 SAMPLING OF DOMESTIC TOURISM IN CHINA

# 出游情况(按职业分)

## RESIDENTS BY OCCUPATION 2001

BY OCCUPATION(%)

| 专业技术人员 PROFE-SSIONAL | 服务销售人员 WAITER SALESMAN | 工 人 TECHNICIAN WORKER | 离退休人员 RETIRED | 学 生 STUDENT | 其 他 OTHERS |
|---|---|---|---|---|---|
| **14.2** | **6.3** | **15.3** | **20.8** | **13.1** | **8.8** |
| 13.7 | 8.1 | 11.5 | 20.4 | 15.0 | 5.3 |
| 9.9 | 10.2 | 21.6 | 21.1 | 11.4 | 7.9 |
| 20.9 | 5.6 | 14.8 | 24.8 | 9.1 | 5.6 |
| 12.9 | 1.7 | 21.5 | 21.5 | 18.9 | 11.2 |
| 9.0 | 8.3 | 7.5 | 18.1 | 15.9 | 9.8 |
| 18.5 | 6.3 | 17.0 | 11.5 | 13.2 | 12.3 |
| 6.9 | 3.1 | 10.1 | 34.2 | 14.3 | 13.9 |
| 14.6 | 11.5 | 7.6 | 12.3 | 3.0 | 12.3 |
| 11.0 | 3.5 | 15.5 | 24.0 | 13.0 | 13.5 |
| 14.0 | 7.9 | 9.6 | 36.2 | 9.0 | 8.5 |
| 12.9 | 1.6 | 18.5 | 35.4 | 10.4 | 7.2 |
| 16.3 | 4.9 | 8.1 | 40.9 | 9.8 | 1.6 |
| 17.5 | 3.0 | 6.1 | 22.6 | 8.2 | 1.0 |
| 16.2 | 8.9 | 11.2 | 18.2 | 9.6 | 9.9 |
| 13.6 | 6.4 | 20.8 | 14.7 | 13.6 | 7.1 |
| 22.9 | 5.2 | 17.0 | 9.4 | 10.5 | 7.0 |
| 12.7 | 6.9 | 16.9 | 18.1 | 10.4 | 8.8 |
| 16.3 | 6.3 | 11.8 | 14.5 | 17.7 | 16.8 |
| 9.5 | 2.8 | 26.6 | 22.8 | 4.7 | 17.1 |
| 19.2 | 2.3 | 10.5 | 12.2 | 25.7 | 2.9 |
| 8.3 | 9.8 | 13.8 | 12.3 | 11.6 | 8.7 |
| 10.9 | 0.5 | 16.1 | 33.3 | 15.1 | 7.2 |
| 17.8 | 2.4 | 15.0 | 24.4 | 14.6 | 9.4 |
| 12.1 | 8.0 | 16.1 | 12.7 | 9.8 | 4.6 |
| 16.6 | 10.6 | 10.8 | 11.2 | 24.7 | 8.3 |
| 16.9 | 9.8 | 8.1 | 6.2 | 10.1 | 8.7 |
| 6.4 | 9.0 | 9.0 | 20.7 | 11.6 | 5.1 |
| 17.6 | 1.7 | 17.0 | 17.6 | 11.9 | 6.2 |
| 19.6 | 3.2 | 11.4 | 16.3 | 26.2 | 8.1 |
| 14.5 | — | 25.0 | 35.4 | 4.1 | 4.1 |
| 13.3 | 2.9 | 23.3 | 18.6 | 16.3 | 3.4 |
| 18.1 | — | 15.1 | 36.3 | 12.1 | 6.0 |
| 10.7 | 6.6 | 15.2 | 26.8 | 16.1 | 13.2 |
| 15.2 | 1.5 | 26.1 | 27.6 | 5.8 | 12.6 |
| 12.5 | 6.5 | 11.3 | 33.7 | 12.7 | 10.4 |
| 14.3 | 3.7 | 27.4 | 12.1 | 16.8 | 8.4 |
| 9.2 | 3.7 | 11.1 | 18.5 | 11.1 | 14.8 |
| 9.5 | 8.2 | 19.5 | 16.5 | 10.4 | 14.7 |
| 24.8 | 4.9 | 10.6 | 22.6 | 10.6 | 4.2 |

# 4－8　2001 年城镇居民
## DOMESTIC TOURISM EXPENDITURE OF

| 城　市<br>NAME OF CITY | | 合计 | 公务员<br>OFFICIAL | 企事业管理人员<br>MANAGEMENT | 专业技术人员<br>PROFESSIONAL | 服务销售人员<br>WAITER SALESMAN |
|---|---|---|---|---|---|---|
| **总平均** | **AVERAGE TOTAL** | **765.5** | **1 207.8** | **1 192.4** | **886.6** | **807.6** |
| 北　京 | BEIJING | 732.6 | 1 382.4 | 672.2 | 1 044.7 | 712.0 |
| 天　津 | TIANJIN | 422.6 | 687.4 | 702.8 | 304.3 | 650.9 |
| 石家庄 | SHIJIAZHUANG | 730.3 | 756.3 | 880.6 | 888.9 | 459.1 |
| 太　原 | TAIYUAN | 618.8 | 243.4 | 477.0 | 779.7 | 393.3 |
| 呼和浩特 | HOHHOT | 946.2 | 1 840.8 | 1 155.0 | 1 066.5 | 548.0 |
| 沈　阳 | SHENYANG | 422.3 | 661.1 | 533.9 | 273.6 | 923.5 |
| 大　连 | DALIAN | 369.1 | 273.3 | 830.2 | 774.4 | 199.5 |
| 长　春 | CHANGCHUN | 1 890.6 | 2 461.6 | 1 698.7 | 2 090.2 | 1 880.2 |
| 哈尔滨 | HARBIN | 1 088.6 | 1 815.7 | 1 617.3 | 1 026.0 | 772.0 |
| 上　海 | SHANGHAI | 798.9 | 570.0 | 1 116.4 | 1 390.6 | 1 154.1 |
| 南　京 | NANJING | 836.6 | 1 261.3 | 970.9 | 1 065.6 | 748.0 |
| 无　锡 | WUXI | 870.7 | 1 313.1 | 1 760.0 | 1 421.9 | 221.8 |
| 苏　州 | SUZHOU | 787.8 | 495.0 | 1 149.2 | 828.2 | 653.0 |
| 杭　州 | HANGZHOU | 862.6 | 827.6 | 756.0 | 1 056.6 | 766.6 |
| 宁　波 | NINGBO | 2 166.1 | 2 294.9 | 8 157.2 | 1 476.5 | 954.3 |
| 合　肥 | HEFEI | 845.9 | 771.9 | 1 500.1 | 797.3 | 1 382.8 |
| 福　州 | FUZHOU | 696.3 | 699.8 | 964.3 | 920.2 | 830.9 |
| 厦　门 | XIAMEN | 1 007.2 | 1 982.1 | 2 885.0 | 905.9 | 355.5 |
| 南　昌 | NANCHANG | 987.6 | — | 1 096.8 | 1 473.2 | 592.9 |
| 济　南 | JINAN | 1 033.5 | 745.3 | 2171.4 | 891.8 | 478.5 |
| 青　岛 | QINGDAO | 687.3 | 1 093.9 | 839.2 | 570.1 | 815.7 |
| 郑　州 | ZHENGZHOU | 638.9 | 682.0 | 723.5 | 947.0 | 330.0 |
| 武　汉 | WUHAN | 661.1 | 1 529.6 | 897.4 | 1 037.1 | 243.9 |
| 长　沙 | CHANGSHA | 1 131.9 | 1 224.8 | 1 135.7 | 1 151.3 | 1 502.7 |
| 广　州 | GUANGZHOU | 635.8 | 388.5 | 891.1 | 827.9 | 704.5 |
| 深　圳 | SHENZHEN | 1 339.3 | 1 607.9 | 1 584.1 | 1 736.2 | 1 163.9 |
| 珠　海 | ZHUHAI | 1 810.9 | 2 860.0 | 2 234.7 | 661.8 | 1 321.6 |
| 南　宁 | NANNING | 871.8 | 1 181.9 | 565.7 | 1 233.6 | 520.7 |
| 桂　林 | GUILIN | 827.1 | 1 518.3 | 484.0 | 694.7 | 1 683.0 |
| 海　口 | HAIKOU | 1 102.7 | 3 663.0 | 2 916.6 | 1 358.3 | — |
| 重　庆 | CHONGQING | 561.5 | 2 064.5 | 457.7 | 561.7 | 720.7 |
| 成　都 | CHENGDU | 701.0 | 265.4 | — | 1 464.8 | — |
| 贵　阳 | GUIYANG | 528.1 | 818.8 | 1 028.2 | 1 291.6 | 322.4 |
| 昆　明 | KUNMING | 683.1 | 1 758.4 | 2 032.5 | 598.7 | 649.9 |
| 西　安 | XI'AN | 565.9 | 709.4 | 846.8 | 730.2 | 480.6 |
| 兰　州 | LANZHOU | 809.1 | 767.9 | 1 256.4 | 1 046.7 | 806.5 |
| 西　宁 | XINING | 2 361.5 | 2 258.3 | 3 354.7 | 2 065.6 | 632.5 |
| 银　川 | YINCHUAN | 1 281.2 | 1 096.0 | 2 391.3 | 1 461.6 | 1 660.0 |
| 乌鲁木齐 | URUMQI | 1 100.0 | 526.8 | 933.1 | 1 299.7 | 1 529.2 |

资料来源:2001 年"城镇居民国内旅游抽样调查"

SOURCE: THE 2001 SAMPLING OF DOMESTIC TOURISM IN CHINA

## 出游花费情况(按职业分)

## URBAN RESIDENTS BY OCCUPATION 2001

单位:元/人 UNIT:RMB¥/PERSON

| 工 人<br>TECHNICIAN WORKER | 军人<br>SOLDIER | 离退休人员<br>RETIRED | 学 生<br>STUDENT | 其 他<br>OTHERS |
|---|---|---|---|---|
| **494.6** | **1 342.3** | **691.3** | **479.1** | **560.1** |
| 534.8 | 1 562.0 | 722.1 | 452.7 | 419.8 |
| 281.2 | — | 385.7 | 250.6 | 395.8 |
| 615.4 | 662.2 | 759.3 | 712.0 | 393.9 |
| 392.0 | 627.0 | 722.4 | 562.5 | 1 013.1 |
| 427.2 | — | 1 420.7 | 433.3 | 179.3 |
| 295.6 | 511.5 | 425.1 | 362.9 | 372.8 |
| 253.3 | — | 296.1 | 143.1 | 297.6 |
| 798.4 | 4 766.7 | 1 507.4 | 748.0 | 2 371.3 |
| 958.0 | — | 943.5 | 803.0 | 956.9 |
| 706.3 | — | 531.2 | 591.9 | 571.3 |
| 789.5 | 2 200.0 | 733.2 | 763.5 | 596.7 |
| 529.3 | 572.0 | 541.3 | 799.7 | 867.9 |
| 153.3 | — | 565.5 | 180.4 | 264.0 |
| 751.1 | 110.0 | 1 272.7 | 505.6 | 603.6 |
| 641.3 | 330.0 | 715.0 | 704.8 | 741.6 |
| 470.7 | 1 450.4 | 710.8 | 378.8 | 825.6 |
| 645.5 | — | 505.0 | 399.8 | 486.3 |
| 1 110.4 | — | 1 098.6 | 413.9 | 438.1 |
| 753.0 | — | 962.5 | 675.8 | 1 165.6 |
| 352.6 | — | 926.5 | 547.1 | 264.9 |
| 675.5 | 143.0 | 626.0 | 385.9 | 461.0 |
| 246.2 | — | 736.6 | 675.8 | 402.4 |
| 408.2 | — | 522.3 | 379.3 | 623.9 |
| 1 140.2 | 305.8 | 866.7 | 668.1 | 1 947.1 |
| 366.1 | — | 823.9 | 456.0 | 404.3 |
| 628.4 | — | 748.4 | 1 078.0 | 1 045.5 |
| 1 590.6 | — | 2 373.4 | 1 140.2 | 362.5 |
| 860.8 | — | 650.2 | 898.3 | 627.4 |
| 479.3 | — | 1 447.9 | 595.4 | 579.3 |
| 440.2 | — | 491.8 | 2 750.0 | 99.0 |
| 367.6 | 1 375.0 | 434.0 | 524.6 | 511.1 |
| 226.6 | — | 563.8 | 342.4 | 2 007.5 |
| 267.6 | — | 348.1 | 265.5 | 627.4 |
| 385.1 | 286.0 | 788.1 | 561.6 | 250.2 |
| 356.8 | 22.0 | 705.1 | 301.4 | 266.9 |
| 545.0 | 2 310.0 | 1 312.4 | 494.3 | 603.9 |
| 3 334.1 | — | 2 905.0 | 1 154.6 | 1 186.9 |
| 706.7 | 1 237.5 | 1 623.1 | 544.9 | 960.7 |
| 417.0 | — | 1 498.6 | 611.2 | 1 708.3 |

# 4－9　2001年农村居民国内旅游基本情况(按地区分)

## STATISTICS OF DOMESTIC TOURISM OF RURAL RESIDENTS BY LOCALITY 2001

| 地　区 | LOCALITY | 过夜游 出游率(%) OVER NIGHT TRAVEL RATE | 一日游 出游率(%) SAME DAY TRAVEL RATE | 过夜游 人均花费 元/人 OVER NIGHT TRAVEL EXPENDITURE | 一日游 人均花费 元/人 SAME DAY TRAVEL EXPENDITURE |
|---|---|---|---|---|---|
| **总平均** | **AVERAGE TOTAL** | **9.50** | **25.97** | **606.38** | **105.07** |
| 北　京 | BEIJING | 7.03 | 24.83 | 1 846.78 | 123.84 |
| 天　津 | TIANJIN | 5.07 | 34.85 | 325.41 | 130.95 |
| 河　北 | HEBEI | 3.62 | 13.83 | 671.18 | 67.41 |
| 山　西 | SHANXI | 4.29 | 13.37 | 351.09 | 104.86 |
| 内蒙古 | INNER MONGOLIA | 7.45 | 13.03 | 860.75 | 276.38 |
| 辽　宁 | LIAONING | 11.08 | 45.65 | 363.78 | 127.7 |
| 吉　林 | JILIN | 11.32 | 36.64 | 680.93 | 165.13 |
| 黑龙江 | HEILONGJIANG | 4.04 | 9.52 | 421.29 | 122.56 |
| 上　海 | SHANGHAI | 12.10 | 16.85 | 1 391.10 | 151.15 |
| 江　苏 | JIANGSU | 8.89 | 52.32 | 815.62 | 119.7 |
| 浙　江 | ZHEJIANG | 10.20 | 11.82 | 888.55 | 142.63 |
| 安　徽 | ANHUI | 14.59 | 36.43 | 333.65 | 67.18 |
| 福　建 | FUJIAN | 12.92 | 35.54 | 638.51 | 102.34 |
| 江　西 | JIANGXI | 12.40 | 21.42 | 543.43 | 86.52 |
| 山　东 | SHANDONG | 5.97 | 20.49 | 699.68 | 159.24 |
| 河　南 | HENAN | 4.91 | 25.97 | 278.59 | 88.19 |
| 湖　北 | HUBEI | 11.15 | 39.51 | 663.46 | 183.22 |
| 湖　南 | HUNAN | 14.14 | 12.09 | 409.46 | 69.83 |
| 广　东 | GUANGDONG | 9.24 | 5.94 | 732.80 | 197.34 |
| 广　西 | GUANGXI | 10.43 | 7.09 | 365.83 | 101.85 |
| 海　南 | HAINAN | 10.64 | 22.44 | 556.42 | 113.84 |
| 重　庆 | CHONGQING | 12.35 | 12.35 | 416.79 | 96.62 |
| 四　川 | SICHUAN | 10.33 | 28.57 | 927.48 | 79.36 |
| 贵　州 | GUIZHOU | 7.05 | 6.25 | 296.04 | 42.43 |
| 云　南 | YUNNAN | 19.31 | 42.80 | 714.96 | 64.57 |
| 陕　西 | SHAANXI | 6.60 | 22.15 | 558.60 | 41.48 |
| 甘　肃 | GANSU | 8.24 | 87.14 | 454.35 | 49.11 |
| 青　海 | QINGHAI | 13.78 | 23.68 | 323.95 | 140.31 |
| 宁　夏 | NINGXIA | 8.19 | 6.38 | 258.06 | 76.5 |
| 新　疆 | XINJIANG | 8.24 | 84.92 | 1 043.24 | 103.52 |

资料来源:2001年“农村居民国内旅游抽样调查”

SOURCE: THE 2001 SAMPLING OF DOMESTIC TOURISM OF RURAL RESIDENTS IN CHINA

# 五、地方接待入境旅游者情况

# 5. DISTRIBUTION OF INTERNATIONAL TOURISTS TO LOCALITY

# 5－1　2000～2001年各地区接待
## INTERNATIONAL TOURISTS

| 地　　区<br>LOCALITY | | 2001年总计<br>TOTAL 2000 | | |
|---|---|---|---|---|
| | | 人　数<br>(人次)<br>ARRIVAL | 人天数<br>(人天)<br>NIGHTS | 平均停留<br>(天)<br>AVERAGE STAY |
| **总　计** | **TOTAL** | **34 176 027** | **86 765 112** | **2.54** |
| 北　京 | BEIJING | 2 857 872 | 12 593 714 | 4.41 |
| 天　津 | TIANJIN | 421 422 | 1 481 667 | 3.52 |
| 河　北 | HEBEI | 444 555 | 1 150 941 | 2.59 |
| 山　西 | SHANXI | 197 782 | 376 072 | 1.90 |
| 内蒙古 | INNER MONGOLIA | 399 880 | 829 120 | 2.07 |
| 辽　宁 | LIAONING | 739 985 | 2 469 515 | 3.34 |
| 吉　林 | JILIN | 271 836 | 479 617 | 1.76 |
| 黑龙江 | HEILONGJIANG | 612 270 | 1 383 641 | 2.26 |
| 上　海 | SHANGHAI | 2 042 636 | 7 907 383 | 3.87 |
| 江　苏 | JIANGSU | 1 837 090 | 6 564 962 | 3.57 |
| 浙　江 | ZHEJIANG | 1 469 063 | 3 606 512 | 2.45 |
| 安　徽 | ANHUI | 380 862 | 603 659 | 1.58 |
| 福　建 | FUJIAN | 1 634 841 | 5 511 687 | 3.37 |
| 江　西 | JIANGXI | 196 327 | 522 717 | 2.66 |
| 山　东 | SHANDONG | 828 664 | 1 984 010 | 2.39 |
| 河　南 | HENAN | 365 588 | 898 731 | 2.46 |
| 湖　北 | HUBEI | 667 818 | 1 208 938 | 1.81 |
| 湖　南 | HUNAN | 504 554 | 1 728 126 | 3.43 |
| 广　东 | GUANGDONG | 12 923 818 | 25 579 849 | 1.98 |
| 广　西 | GUANGXI | 1 267 228 | 1 852 736 | 1.46 |
| 海　南 | HAINAN | 456 843 | 688 765 | 1.51 |
| 重　庆 | CHONGQING | 313 254 | 964 643 | 3.08 |
| 四　川 | SICHUAN | 574 756 | 1 037 736 | 1.81 |
| 贵　州 | GUIZHOU | 205 466 | 426 505 | 2.08 |
| 云　南 | YUNNAN | 1 131 303 | 1 751 459 | 1.55 |
| 西　藏 | TIBET | 127 148 | 293 543 | 2.31 |
| 陕　西 | SHAANXI | 759 197 | 1 799 239 | 2.37 |
| 甘　肃 | GANSU | 222 619 | 291 284 | 1.31 |
| 青　海 | QINGHAI | 39 700 | 74 290 | 1.87 |
| 宁　夏 | NINGXIA | 8 668 | 20 925 | 2.41 |
| 新　疆 | XINJIANG | 272 982 | 683 126 | 2.50 |

# 入境旅游者情况
## BY LOCALITY 2000—2001

| 2000 年总计 TOTAL 2000 | | | 2001 年比 2000 年增减 INCREASE | | |
|---|---|---|---|---|---|
| 人 数 (人次) ARRIVAL | 人天数 (人天) NIGHTS | 平均停留 (天) AVERAGE STAY | 人 数 (%) ARRIVAL (%) | 人天数 (%) NIGHTS (%) | 平均停留 (天) AVERAGE STAY |
| **31 123 499** | **78 309 833** | **2.52** | **9.81** | **10.80** | **0.02** |
| 2 820 911 | 12 062 398 | 4.28 | 1.31 | 4.40 | 0.13 |
| 356 203 | 1 253 788 | 3.52 | 18.31 | 18.18 | 0.00 |
| 414 337 | 1 102 871 | 2.66 | 7.29 | 4.36 | - 0.07 |
| 165 282 | 322 565 | 1.95 | 19.66 | 16.59 | - 0.05 |
| 391 943 | 766 459 | 1.96 | 2.03 | 8.18 | 0.12 |
| 612 222 | 2 053 222 | 3.35 | 20.87 | 20.28 | - 0.02 |
| 222 727 | 345 718 | 1.55 | 22.05 | 38.73 | 0.21 |
| 551 658 | 1 098 858 | 1.99 | 10.99 | 25.92 | 0.27 |
| 1 814 027 | 7 108 526 | 3.92 | 12.60 | 11.24 | - 0.05 |
| 1 609 500 | 6 103 764 | 3.79 | 14.14 | 7.56 | - 0.22 |
| 1 125 898 | 2 646 018 | 2.35 | 30.48 | 36.30 | 0.10 |
| 318 430 | 495 462 | 1.56 | 19.61 | 21.84 | 0.03 |
| 1 613 349 | 5 135 170 | 3.18 | 1.33 | 7.33 | 0.19 |
| 163 057 | 427 933 | 2.62 | 20.40 | 22.15 | 0.04 |
| 723 145 | 1 747 835 | 2.42 | 14.59 | 13.51 | - 0.02 |
| 325 018 | 907 453 | 2.79 | 12.48 | - 0.96 | - 0.33 |
| 450 805 | 852 455 | 1.89 | 48.14 | 41.82 | - 0.08 |
| 454 008 | 1 443 640 | 3.18 | 11.13 | 19.71 | 0.25 |
| 11 989 439 | 23 256 342 | 1.94 | 7.79 | 9.99 | 0.04 |
| 1 229 122 | 1 936 098 | 1.58 | 3.10 | - 4.31 | - 0.11 |
| 486 838 | 821 989 | 1.69 | - 6.16 | -16.21 | - 0.18 |
| 266 081 | 841 355 | 3.16 | 17.73 | 14.65 | - 0.08 |
| 462 040 | 759 082 | 1.64 | 24.40 | 36.71 | 0.16 |
| 183 898 | 392 500 | 2.13 | 11.73 | 8.66 | - 0.06 |
| 1 001 141 | 1 557 453 | 1.56 | 13.00 | 12.46 | - 0.01 |
| 150 035 | 341 768 | 2.28 | - 15.25 | - 14.11 | 0.03 |
| 712 800 | 1 471 953 | 2.07 | 6.51 | 22.23 | 0.30 |
| 213 104 | 350 966 | 1.65 | 4.46 | - 17.01 | - 0.34 |
| 32 592 | 59 991 | 1.84 | 21.81 | 23.84 | 0.03 |
| 7 807 | 21 711 | 2.78 | 11.03 | - 3.62 | - 0.37 |
| 256 082 | 624 490 | 2.44 | 6.60 | 9.39 | 0.06 |

# 5-2 2001年各地区接待
# BREAKDOWN OF INTERNATIONAL

| 地区 LOCALITY | | 外国人 FOREIGNERS 人数（人次）ARRIVAL | 人天数（人天）NIGHTS | 平均停留（天）AVERAGE STAY | 香港 HONG 人数（人次）ARRIVAL |
|---|---|---|---|---|---|
| **总计** | **TOTAL** | **16 313 102** | **47 107 739** | **2.89** | **10 945 584** |
| 北京 | BEIJING | 2 398 790 | 10 712 812 | 4.47 | 269 265 |
| 天津 | TIANJIN | 375 329 | 1 291 121 | 3.44 | 20 861 |
| 河北 | HEBEI | 391 039 | 1 033 463 | 2.64 | 29 120 |
| 山西 | SHANXI | 128 802 | 232 374 | 1.80 | 22 451 |
| 内蒙古 | INNER MONGOLIA | 396 007 | 822 326 | 2.08 | 1 491 |
| 辽宁 | LIAONING | 619 137 | 2 095 269 | 3.38 | 44 460 |
| 吉林 | JILIN | 237 172 | 418 307 | 1.76 | 10 984 |
| 黑龙江 | HEILONGJIANG | 565 053 | 1 291 035 | 2.28 | 22 006 |
| 上海 | SHANGHAI | 1 516 478 | 5 868 770 | 3.87 | 187 201 |
| 江苏 | JIANGSU | 1 085 610 | 3 675 948 | 3.39 | 293 202 |
| 浙江 | ZHEJIANG | 819 834 | 2 052 186 | 2.50 | 218 949 |
| 安徽 | ANHUI | 185 813 | 319 135 | 1.72 | 42 215 |
| 福建 | FUJIAN | 465 152 | 1 729 128 | 3.72 | 598 004 |
| 江西 | JIANGXI | 55 484 | 146 258 | 2.64 | 74 005 |
| 山东 | SHANDONG | 592 413 | 1 443 381 | 2.44 | 128 978 |
| 河南 | HENAN | 248 832 | 625 328 | 2.51 | 49 837 |
| 湖北 | HUBEI | 542 737 | 891 787 | 1.64 | 43 364 |
| 湖南 | HUNAN | 188 485 | 640 849 | 3.40 | 115 857 |
| 广东 | GUANGDONG | 2 403 716 | 5 482 396 | 2.28 | 7 938 047 |
| 广西 | GUANGXI | 550 187 | 890 584 | 1.62 | 197 275 |
| 海南 | HAINAN | 129 624 | 237 595 | 1.83 | 231 108 |
| 重庆 | CHONGQING | 219 214 | 698 541 | 3.19 | 37 240 |
| 四川 | SICHUAN | 280 946 | 561 634 | 2.00 | 80 432 |
| 贵州 | GUIZHOU | 78 514 | 176 669 | 2.25 | 55 613 |
| 云南 | YUNNAN | 695 731 | 1 119 129 | 1.61 | 132 243 |
| 西藏 | TIBET | 116 440 | 267 945 | 2.30 | 3 198 |
| 陕西 | SHAANXI | 637 556 | 1 543 514 | 2.42 | 50 092 |
| 甘肃 | GANSU | 146 476 | 192 447 | 1.31 | 21 463 |
| 青海 | QINGHAI | 18 287 | 32 834 | 1.80 | 6 498 |
| 宁夏 | NINGXIA | 5 668 | 13 875 | 2.45 | 1 500 |
| 新疆 | XINJIANG | 218 576 | 601 099 | 2.75 | 18 625 |

# 入境旅游者构成

# TOURISTS BY LOCALITY 2001

| 同胞<br>KONG | | 澳门同胞<br>MACAO | | | 台湾同胞<br>TAIWAN PROVINCE | | |
|---|---|---|---|---|---|---|---|
| 人天数<br>(人天)<br>NIGHTS | 平均停留<br>(天)<br>AVERAGE STAY | 人 数<br>(人次)<br>ARRIVAL | 人天数<br>(人天)<br>NIGHTS | 平均停留<br>(天)<br>AVERAGE STAY | 人 数<br>(人次)<br>ARRIVAL | 人天数<br>(人天)<br>NIGHTS | 平均停留<br>(天)<br>AVERAGE STAY |
| **22 815 008** | **2.08** | **1 154 787** | **2 446 210** | **2.12** | **5 762 554** | **14 396 155** | **2.50** |
| 805 725 | 2.99 | 14 220 | 52 563 | 3.7 | 175 597 | 1 022 614 | 5.82 |
| 89 725 | 4.30 | 1 636 | 5 448 | 3.33 | 23 596 | 95 373 | 4.04 |
| 69 548 | 2.39 | 4 881 | 8 568 | 1.76 | 19 515 | 39 362 | 2.02 |
| 42 557 | 1.90 | 14 941 | 36 341 | 2.43 | 31 588 | 64 800 | 2.05 |
| 2 387 | 1.6 | 68 | 125 | 1.84 | 2 314 | 4 282 | 1.85 |
| 139 635 | 3.14 | 3 068 | 9 924 | 3.23 | 73 320 | 224 687 | 3.06 |
| 23 540 | 2.14 | 543 | 1 073 | 1.98 | 23 137 | 36 697 | 1.59 |
| 45 948 | 2.09 | 10 603 | 21 327 | 2.01 | 14 608 | 25 331 | 1.73 |
| 767 524 | 4.10 | 19 044 | 71 415 | 3.75 | 319 913 | 1 199 674 | 3.75 |
| 985 204 | 3.36 | 20 585 | 45 271 | 2.20 | 437 693 | 1 858 539 | 4.25 |
| 510 088 | 2.33 | 30 097 | 79 584 | 2.64 | 400 183 | 964 654 | 2.41 |
| 68 439 | 1.62 | 5 729 | 11 287 | 1.97 | 147 105 | 204 798 | 1.39 |
| 2 094 088 | 3.50 | 77 474 | 251 474 | 3.25 | 494 211 | 1 436 997 | 2.91 |
| 198 353 | 2.68 | 24 252 | 45 387 | 1.87 | 42 586 | 132 719 | 3.12 |
| 258 528 | 2.00 | 16 079 | 30 998 | 1.93 | 91 194 | 251 103 | 2.75 |
| 105 965 | 2.13 | 22 856 | 52 826 | 2.31 | 44 063 | 114 612 | 2.60 |
| 85 708 | 1.98 | 5 053 | 7 668 | 1.52 | 76 664 | 223 775 | 2.92 |
| 370 742 | 3.20 | 20 208 | 50 520 | 2.50 | 180 004 | 666 015 | 3.70 |
| 14 843 040 | 1.87 | 751 589 | 1 492 798 | 1.99 | 1 830 466 | 3 761 615 | 2.06 |
| 271 316 | 1.38 | 15 884 | 23 751 | 1.50 | 503 882 | 667 085 | 1.32 |
| 308 483 | 1.33 | 33 724 | 37 166 | 1.10 | 62 387 | 105 521 | 1.69 |
| 93 011 | 2.50 | 1 034 | 2 361 | 2.28 | 55 766 | 170 730 | 3.06 |
| 142 906 | 1.78 | 8 551 | 12 690 | 1.48 | 204 827 | 320 506 | 1.56 |
| 108 407 | 1.95 | 3 848 | 7 362 | 1.91 | 67 491 | 134 067 | 1.99 |
| 211 775 | 1.60 | 26 918 | 46 720 | 1.74 | 276 411 | 373 835 | 1.35 |
| 6 129 | 1.92 | 2 159 | 7 021 | 3.25 | 5 351 | 12 448 | 2.33 |
| 90 562 | 1.81 | 12 769 | 24 551 | 1.92 | 58 780 | 140 612 | 2.39 |
| 29 184 | 1.36 | 4 311 | 4 870 | 1.13 | 50 369 | 64 783 | 1.29 |
| 12 609 | 1.94 | 1 213 | 2 448 | 2.02 | 13 702 | 26 399 | 1.93 |
| 3 636 | 2.42 | 133 | 284 | 2.14 | 1 367 | 3 130 | 2.29 |
| 30 246 | 1.62 | 1 317 | 2 389 | 1.81 | 34 464 | 49 392 | 1.43 |

# 5－3　2001年各地区接待

## FOREIGN TOURISTS BY

| 地　区 LOCALITY | | 合　计 TOTAL | ＃日　本 JAPAN | ＃韩　国 KOREA | ＃马来西亚 MALA-YSIA | ＃菲律宾 PHILIP-PINE | ＃新加坡 SINGA-PORE |
|---|---|---|---|---|---|---|---|
| **总　计** | **TOTAL** | **16 313 102** | **2 716 303** | **1 209 520** | **479 280** | **124 650** | **416 482** |
| 北　京 | BEIJING | 2 398 790 | 468 904 | 301 419 | 63 518 | 10 148 | 63 028 |
| 天　津 | TIANJIN | 375 329 | 39 093 | 36 203 | 2 537 | 495 | 3 641 |
| 河　北 | HEBEI | 391 039 | 5 217 | 1 807 | 450 | 79 | 417 |
| 山　西 | SHANXI | 128 802 | 13 041 | 3 364 | 1 206 | 171 | 3 240 |
| 内蒙古 | INNER MONGOLIA | 396 007 | 11 218 | 971 | 596 | 166 | 1 416 |
| 辽　宁 | LIAONING | 619 137 | 177 869 | 77 342 | 2 946 | 1 127 | 5 884 |
| 吉　林 | JILIN | 237 172 | 14 476 | 97 946 | 1 401 | 189 | 3 668 |
| 黑龙江 | HEILONGJIANG | 565 053 | 17 738 | 5 520 | 1 304 | 412 | 1 739 |
| 上　海 | SHANGHAI | 1 516 478 | 548 633 | 107 617 | 55 869 | 58 578 | 50 177 |
| 江　苏 | JIANGSU | 1 085 610 | 269 849 | 103 071 | 105 816 | 4 547 | 41 254 |
| 浙　江 | ZHEJIANG | 819 834 | 118 318 | 85 192 | 29 167 | 7 169 | 17 516 |
| 安　徽 | ANHUI | 185 813 | 31 029 | 16 163 | 9 750 | 693 | 8 983 |
| 福　建 | FUJIAN | 465 152 | 34 104 | 5 375 | 19 581 | 6 445 | 16 740 |
| 江　西 | JIANGXI | 55 484 | 9 185 | 2 230 | 1 018 | 352 | 2 057 |
| 山　东 | SHANDONG | 592 413 | 111 928 | 100 830 | 10 191 | 1 898 | 12 245 |
| 河　南 | HENAN | 248 832 | 31 672 | 5 714 | 4 136 | 953 | 4 431 |
| 湖　北 | HUBEI | 542 737 | 24 603 | 3 127 | 1 782 | 397 | 2 219 |
| 湖　南 | HUNAN | 188 485 | 11 277 | 16 718 | 1 226 | 281 | 1 836 |
| 广　东 | GUANGDONG | 2 403 716 | 403 655 | 82 693 | 84 081 | 20 565 | 83 858 |
| 广　西 | GUANGXI | 550 187 | 80 424 | 92 615 | 8 425 | 2 132 | 3 787 |
| 海　南 | HAINAN | 129 624 | 19 540 | 20 961 | 9 380 | 675 | 10 532 |
| 重　庆 | CHONGQING | 219 214 | 32 658 | 5 322 | 1 159 | 559 | 1 203 |
| 四　川 | SICHUAN | 280 946 | 66 889 | 9 021 | 4 822 | 1 436 | 8 938 |
| 贵　州 | GUIZHOU | 78 514 | 6 356 | 226 | 6 125 | 3 128 | 6 883 |
| 云　南 | YUNNAN | 695 731 | 76 435 | 16 595 | 46 879 | 1 236 | 47 560 |
| 西　藏 | TIBET | 116 440 | 3 641 | 710 | 138 | 12 | 644 |
| 陕　西 | SHAANXI | 637 556 | 5 458 | 2 870 | 382 | 16 | 309 |
| 甘　肃 | GANSU | 146 476 | 34 473 | 3 175 | 1 985 | 246 | 4 153 |
| 青　海 | QINGHAI | 18 287 | 4 379 | 617 | 155 | 86 | 2 599 |
| 宁　夏 | NINGXIA | 5 668 | 1 835 | 205 | 59 | 18 | 256 |
| 新　疆 | XINJIANG | 218 576 | 42 406 | 3 901 | 3 196 | 441 | 5 269 |

# 外国旅游者人数(按国籍分)

## LOCALITY & NATIONALITY 2001

单　位:人次
UNIT:PERSON

| #泰　国 THAI-LAND | #美　国 U.S.A. | #加拿大 CANADA | #英　国 UNITED KINGDOM | #法　国 FRANCE | #德　国 GERMANY | #俄罗斯 RUSSIA | #澳大利亚 AUS-TRALIA |
|---|---|---|---|---|---|---|---|
| **231 967** | **1 000 450** | **175 056** | **283 090** | **331 126** | **402 659** | **232 799** | **176 553** |
| 32 887 | 290 936 | 46 764 | 106 174 | 96 002 | 117 768 | 44 392 | 43 743 |
| 497 | 10 119 | 1 610 | 2 489 | 2 029 | 2 451 | 699 | 1 942 |
| 71 | 1 584 | 336 | 823 | 493 | 617 | 2 723 | 394 |
| 884 | 2 954 | 339 | 1 044 | 3 132 | 2 494 | 1 514 | 556 |
| 366 | 2 374 | 438 | 1 133 | 374 | 840 | 95 345 | 1 010 |
| 1 036 | 11 847 | 2 442 | 2 411 | 2 186 | 4 047 | 8 778 | 2 292 |
| 313 | 2 288 | 478 | 831 | 593 | 2 773 | 1 084 | 313 |
| 1 309 | 2 403 | 933 | 825 | 2 265 | 1 223 | 12 785 | 615 |
| 19 976 | 140 378 | 23 162 | 19 930 | 54 392 | 71 672 | 7 761 | 30 781 |
| 23 409 | 71 734 | 13 564 | 24 671 | 34 100 | 27 136 | 3 418 | 15 419 |
| 16 178 | 43 588 | 8 094 | 8 445 | 11 381 | 15 481 | 5 520 | 7 852 |
| 3 760 | 14 427 | 2 585 | 3 350 | 4 167 | 4 561 | 686 | 3 187 |
| 3 116 | 10 908 | 2 317 | 1 844 | 1 317 | 1 666 | 1 397 | 2 166 |
| 677 | 6 087 | 1 045 | 2 074 | 764 | 998 | 950 | 799 |
| 2 767 | 25 664 | 6 422 | 5 983 | 4 814 | 7 035 | 3 227 | 4 109 |
| 4 375 | 6 783 | 1 157 | 3 273 | 6 492 | 6 870 | 780 | 2 992 |
| 869 | 12 877 | 2 323 | 6 274 | 6 189 | 17 130 | 656 | 2 295 |
| 559 | 11 389 | 4 645 | 649 | 675 | 1 047 | 276 | 768 |
| 36 513 | 173 862 | 3 1078 | 42 173 | 39 232 | 43 006 | 7 289 | 31 192 |
| 7 917 | 48 946 | 5 977 | 11 654 | 22 841 | 26 465 | 511 | 6 090 |
| 3 785 | 5 252 | 1 814 | 815 | 821 | 1 773 | 1 759 | 961 |
| 509 | 17 251 | 2 082 | 11 039 | 5 856 | 10 744 | 298 | 2 293 |
| 12 716 | 24 936 | 4 075 | 5 645 | 4 618 | 5 273 | 662 | 2 818 |
| 4 814 | 3 075 | 567 | 2 401 | 2 409 | 1 823 | 17 | 146 |
| 49 205 | 23 917 | 3 636 | 5 355 | 8 916 | 7 972 | 626 | 4 925 |
| 131 | 7 163 | 797 | 2 316 | 2 222 | 5 506 | 176 | 1 331 |
| 57 | 1 374 | 265 | 685 | 342 | 219 | 45 | 293 |
| 1 206 | 10 501 | 2 124 | 2 402 | 6 097 | 5 679 | 14 | 1 789 |
| 14 | 1 844 | 1 153 | 1 476 | 1 175 | 1 231 | 27 | 495 |
| 100 | 442 | 182 | 277 | 126 | 563 | 193 | 151 |
| 1 951 | 13 547 | 2 652 | 4 629 | 5 106 | 6 596 | 29 191 | 2 836 |

# 5－4　2000～2001 年主要城市接待

## INTERNATIONAL TOURISTS TO

| 城市名称<br>NAME OF CITY | 2001 年 总 计<br>TOTAL 2001 | | |
|---|---|---|---|
| | 人 数<br>（人次）<br>ARRIVAL | 人天数<br>（人天）<br>NIGHTS | 平均停留<br>（天）<br>AVERAGE STAY |
| 北 京 BEIJING | 2 857 872 | 12 593 714 | 4.41 |
| 天 津 TIANJIN | 421 422 | 1 481 667 | 3.52 |
| 石家庄 SHIJIAZHUANG | 53 359 | 174 900 | 3.28 |
| 秦皇岛 QINHUANGDAO | 140 010 | 482 864 | 3.45 |
| 承 德 CHENGDE | 145 062 | 282 857 | 1.95 |
| 太 原 TAIYUAN | 43 665 | 111 055 | 2.54 |
| 大 同 DATONG | 56 090 | 95 177 | 1.70 |
| 呼和浩特 HOHHOT | 20 322 | 26 716 | 1.31 |
| 沈 阳 SHENYANG | 161 000 | 526 432 | 3.27 |
| 大 连 DALIAN | 433 286 | 1 591 518 | 3.67 |
| 长 春 CHANGCHUN | 66 853 | 193 350 | 2.89 |
| 吉 林 JILIN | 19 962 | 38 914 | 1.95 |
| 延 边 YANBIAN | 170 552 | 228 474 | 1.34 |
| 哈尔滨 HARBIN | 169 722 | 369 878 | 2.18 |
| 上 海 SHANGHAI | 2 042 636 | 7 907 383 | 3.87 |
| 南 京 NANJING | 469 808 | 1 608 677 | 3.42 |
| 无 锡 WUXI | 345 562 | 770 203 | 2.23 |
| 苏 州 SUZHOU | 635 025 | 1 322 716 | 2.08 |
| 南 通 NANTONG | 60 963 | 454 028 | 7.45 |
| 连云港 LIANYUNGANG | 10 941 | 144 972 | 13.25 |
| 杭 州 HANGZHOU | 819 436 | 1 977 267 | 2.41 |
| 宁 波 NINGBO | 275 548 | 352 749 | 1.28 |
| 温 州 WENZHOU | 92 877 | 204 899 | 2.21 |
| 合 肥 HEFEI | 39 160 | 122 450 | 3.13 |
| 黄 山 HUANGSHAN | 262 000 | 301 300 | 1.15 |
| 福 州 FUZHOU | 318 763 | 1 411 386 | 4.43 |
| 厦 门 XIAMEN | 502 332 | 1 844 424 | 3.67 |
| 泉 州 QUANZHOU | 490 769 | 1 733 424 | 3.53 |
| 漳 州 ZHANGZHOU | 37 815 | 105 929 | 2.80 |

# 入境旅游者情况
# MAJOR CITIES 2000—2001

| 2000 年 总 计 TOTAL 2000 | | | 2001 年比 2000 年增减 INCREASE | | |
|---|---|---|---|---|---|
| 人 数 (人次) ARRIVAL | 人天数 (人天) NIGHTS | 平均停留 (天) AVERAGE STAY | 人 数 (%) ARRIVAL | 人天数 (%) NIGHTS | 平均停留 (天) AVERAGE STAY |
| 2 820 911 | 12 062 398 | 4.28 | 1.31 | 4.40 | 0.13 |
| 356 202 | 1 253 788 | 3.52 | 18.31 | 18.18 | 0.00 |
| 52 772 | 171 883 | 3.26 | 1.11 | 1.76 | 0.02 |
| 134 443 | 472 163 | 3.51 | 4.14 | 2.27 | -0.06 |
| 127 863 | 255 726 | 2.00 | 13.45 | 10.61 | -0.05 |
| 47 886 | 118 694 | 2.48 | -8.81 | -6.44 | 0.06 |
| 43 273 | 75 899 | 1.75 | 29.62 | 25.40 | -0.06 |
| 21 780 | 28 711 | 1.32 | -6.69 | -6.95 | 0.00 |
| 172 766 | 533 497 | 3.09 | -6.81 | -1.32 | 0.18 |
| 338 286 | 1 238 095 | 3.66 | 28.08 | 28.55 | 0.01 |
| 55 734 | 136 545 | 2.45 | 19.95 | 41.60 | 0.44 |
| 17 217 | 25 245 | 1.47 | 15.94 | 54.15 | 0.48 |
| 136 818 | 168 538 | 1.23 | 24.66 | 35.56 | 0.11 |
| 155 083 | 338 081 | 2.18 | 9.44 | 9.41 | 0.00 |
| 1 814 027 | 7 108 526 | 3.92 | 12.60 | 11.24 | -0.05 |
| 419 006 | 1 843 992 | 4.40 | 12.12 | -12.76 | -0.98 |
| 283 800 | 699 695 | 2.47 | 21.76 | 10.08 | -0.24 |
| 566 672 | 1 159 069 | 2.05 | 12.06 | 14.12 | 0.04 |
| 53 062 | 366 624 | 6.91 | 14.89 | 23.84 | 0.54 |
| 11 354 | 129 973 | 11.45 | -3.64 | 11.54 | 1.80 |
| 707 148 | 1 523 571 | 2.15 | 15.88 | 29.78 | 0.26 |
| 123 629 | 281 561 | 2.28 | 122.88 | 25.28 | -1.00 |
| 59 940 | 174 359 | 2.91 | 54.95 | 17.52 | -0.70 |
| 34 582 | 110 709 | 3.20 | 13.24 | 10.61 | -0.07 |
| 220 500 | 230 383 | 1.04 | 18.82 | 30.78 | 0.11 |
| 320 269 | 1 299 321 | 4.06 | -0.47 | 8.62 | 0.37 |
| 474 921 | 1 748 025 | 3.68 | 5.77 | 5.51 | -0.01 |
| 485 787 | 1 401 042 | 2.88 | 1.03 | 23.72 | 0.65 |
| 41 130 | 151 764 | 3.69 | -8.06 | -30.20 | -0.89 |

| 城市名称 NAME OF CITY | | 2001 年 总 计 TOTAL 2001 | | |
|---|---|---|---|---|
| | | 人 数 (人次) ARRIVAL | 人天数 (人天) NIGHTS | 平均停留 (天) AVERAGE STAY |
| 南 昌 | NANCHANG | 41 430 | 207 086 | 5.00 |
| 九 江 | JIUJIANG | 41 866 | 70 957 | 1.69 |
| 济 南 | JINAN | 97 661 | 161 287 | 1.65 |
| 青 岛 | QINGDAO | 323 422 | 928 393 | 2.87 |
| 烟 台 | YANTAI | 112 446 | 400 428 | 3.56 |
| 威 海 | WEIHAI | 93 114 | 184 132 | 1.98 |
| 郑 州 | ZHENGZHOU | 162 423 | 340 602 | 2.10 |
| 洛 阳 | LUOYANG | 106 406 | 299 962 | 2.82 |
| 武 汉 | WUHAN | 285 929 | 728 270 | 2.55 |
| 长 沙 | CHANGSHA | 228 585 | 654 094 | 2.86 |
| 广 州 | GUANGZHOU | 4 423 683 | 9 303 790 | 2.10 |
| 深 圳 | SHENZHEN | 4 238 700 | 8 440 400 | 1.99 |
| 珠 海 | ZHUHAI | 1 099 145 | 1 601 598 | 1.46 |
| 汕 头 | SHANTOU | 212 146 | 372 475 | 1.76 |
| 湛 江 | ZHANJIANG | 11 377 | 22 221 | 1.95 |
| 中 山 | ZHONGSHAN | 638 166 | 874 287 | 1.37 |
| 南 宁 | NANNING | 56 685 | 89 312 | 1.58 |
| 桂 林 | GUILIN | 932 638 | 1 393 234 | 1.49 |
| 北 海 | BEIHAI | 40 131 | 48 314 | 1.20 |
| 海 口 | HAIKOU | 111 955 | 201 319 | 1.80 |
| 三 亚 | SANYA | 177 192 | 299 896 | 1.69 |
| 重 庆 | CHONGQING | 313 254 | 964 643 | 3.08 |
| 成 都 | CHENGDU | 345 146 | 717 008 | 2.08 |
| 贵 阳 | GUIYANG | 87 432 | 186 068 | 2.13 |
| 昆 明 | KUNMING | 590 827 | 919 324 | 1.56 |
| 拉 萨 | LHASA | 26 252 | 62 831 | 2.39 |
| 西 安 | XI'AN | 672 015 | 1 674 826 | 2.49 |
| 兰 州 | LANZHOU | 39 002 | 59 508 | 1.53 |
| 西 宁 | XINING | 27 150 | 51 526 | 1.90 |
| 银 川 | YINCHUAN | 6 657 | 17 241 | 2.59 |
| 乌鲁木齐 | URUMQI | 154 959 | 486 806 | 3.14 |

| 2000 年 总 计<br>TOTAL 2000 | | | 2001 年比 2000 年增减<br>INCREASE | | |
|---|---|---|---|---|---|
| 人 数<br>(人次)<br>ARRIVAL | 人天数<br>(人天)<br>NIGHTS | 平均停留<br>(天)<br>AVERAGE STAY | 人 数<br>(%)<br>ARRIVAL | 人天数<br>(%)<br>NIGHTS | 平均停留<br>(天)<br>AVERAGE STAY |
| 37 010 | 144 597 | 3.91 | 11.94 | 43.22 | 1.09 |
| 30 765 | 45 389 | 1.48 | 36.08 | 56.33 | 0.22 |
| 104 009 | 174 295 | 1.68 | -6.10 | -7.46 | -0.02 |
| 260 597 | 768 513 | 2.95 | 24.11 | 20.80 | -0.08 |
| 87 736 | 314 717 | 3.59 | 28.16 | 27.23 | -0.03 |
| 91 161 | 214 860 | 2.36 | 2.14 | -14.30 | -0.38 |
| 155 000 | 405 755 | 2.62 | 4.79 | -16.06 | -0.52 |
| 85 540 | 260 633 | 3.05 | 24.39 | 15.09 | -0.23 |
| 221 587 | 564 517 | 2.55 | 29.04 | 29.01 | 0.00 |
| 161 789 | 531 317 | 3.28 | 41.29 | 23.11 | -0.42 |
| 4 207 287 | 9 219 806 | 2.19 | 5.14 | 0.91 | -0.09 |
| 3 976 200 | 8 011 600 | 2.01 | 6.60 | 5.35 | -0.02 |
| 974 324 | 1 379 689 | 1.42 | 12.81 | 16.08 | 0.04 |
| 279 259 | 472 793 | 1.69 | -24.03 | -21.22 | 0.06 |
| 12 597 | 26 095 | 2.07 | -9.68 | -14.85 | -0.12 |
| 618 451 | 838 816 | 1.36 | 3.19 | 4.23 | 0.01 |
| 46 431 | 77 942 | 1.68 | 22.08 | 14.59 | -0.10 |
| 950 172 | 1 539 032 | 1.62 | -1.85 | -9.47 | -0.13 |
| 38 256 | 50 418 | 1.32 | 4.90 | -4.17 | -0.11 |
| 132 577 | 241 610 | 1.82 | -15.55 | -16.68 | -0.02 |
| 167 129 | 274 437 | 1.64 | 6.02 | 9.28 | 0.05 |
| 266 081 | 841 355 | 3.16 | 17.73 | 14.65 | -0.08 |
| 258 924 | 503 412 | 1.94 | 33.30 | 42.43 | 0.13 |
| 63 058 | 146 936 | 2.33 | 38.65 | 26.63 | -0.20 |
| 520 247 | 765 797 | 1.47 | 13.57 | 20.05 | 0.08 |
| 83 714 | 266 091 | 3.18 | -68.64 | -76.39 | -0.79 |
| 640 677 | 1 330 263 | 2.08 | 4.89 | 25.90 | 0.42 |
| 42 597 | 88 927 | 2.09 | -8.44 | -33.08 | -0.56 |
| 10 934 | 19 958 | 1.83 | 148.31 | 158.17 | 0.07 |
| 5 931 | 17 004 | 2.87 | 12.24 | 1.39 | -0.28 |
| 144 830 | 455 269 | 3.14 | 6.99 | 6.93 | 0.00 |

# 5－5 2001年主要城市接待
## BREAKDOWN OF INTERNATIONAL

| 城市名称 NAME OF CITY | 外国人 FOREIGNERS | | | 香港 HONG |
|---|---|---|---|---|
| | 人数（人次） ARRIVAL | 人天数（人天） NIGHTS | 平均停留（天） AVERAGE STAY | 人数（人次） ARRIVAL |
| 北京 BEIJING | 2 398 790 | 10 712 812 | 4.47 | 269 265 |
| 天津 TIANJIN | 375 329 | 1 291 121 | 3.44 | 20 861 |
| 石家庄 SHIJIAZHUANG | 39 856 | 136 097 | 3.41 | 10 698 |
| 秦皇岛 QINHUANGDAO | 132 952 | 467 882 | 3.52 | 3 190 |
| 承德 CHENGDE | 120 512 | 235 549 | 1.95 | 10 648 |
| 太原 TAIYUAN | 29 451 | 62 421 | 2.12 | 4 342 |
| 大同 DATONG | 51 411 | 87 730 | 1.71 | 983 |
| 呼和浩特 HOHHOT | 16 042 | 21 162 | 1.32 | 1 534 |
| 沈阳 SHENYANG | 126 305 | 422 609 | 3.35 | 12 010 |
| 大连 DALIAN | 363 552 | 1 353 930 | 3.72 | 27 428 |
| 长春 CHANGCHUN | 45 720 | 153 382 | 3.35 | 7 132 |
| 吉林 JILIN | 9 733 | 24 398 | 2.51 | 3 735 |
| 延边 YANBIAN | 167 296 | 221 717 | 1.33 | 94 |
| 哈尔滨 HARBIN | 125 309 | 282 822 | 2.26 | 21 181 |
| 上海 SHANGHAI | 1 516 478 | 5 868 770 | 3.87 | 187 201 |
| 南京 NANJING | 242 363 | 1 041 885 | 4.30 | 93 894 |
| 无锡 WUXI | 196 172 | 446 469 | 2.28 | 60 025 |
| 苏州 SUZHOU | 415 879 | 827 370 | 1.99 | 81 603 |
| 南通 NANTONG | 48 073 | 296 196 | 6.16 | 4 608 |
| 连云港 LIANYUNGANG | 7 169 | 77 633 | 10.83 | 1 548 |
| 杭州 HANGZHOU | 449 089 | 1 036 623 | 2.31 | 137 967 |
| 宁波 NINGBO | 160 901 | 197 868 | 1.23 | 86 674 |
| 温州 WENZHOU | 50 959 | 115 603 | 2.27 | 14 613 |
| 合肥 HEFEI | 26 879 | 97 111 | 3.61 | 6 307 |
| 黄山 HUANGSHAN | 118 798 | 136 618 | 1.15 | 23 202 |
| 福州 FUZHOU | 124 814 | 779 815 | 6.25 | 82 219 |
| 厦门 XIAMEN | 219 740 | 935 891 | 4.26 | 107 322 |
| 泉州 QUANZHOU | 43 407 | 177 969 | 4.10 | 352 992 |
| 漳州 ZHANGZHOU | 8 094 | 16 806 | 2.08 | 6 852 |

# 入境旅游者构成
## TOURISTS TO MAJOR CITIES 2001

| 同胞<br>KONG | | 澳门同胞<br>MACAO | | | 台湾同胞<br>TAIWAN PROVINCE | | |
|---|---|---|---|---|---|---|---|
| 人天数<br>(人天)<br>NIGHTS | 平均停留<br>(天)<br>AVERAGE<br>STAY | 人　数<br>(人次)<br>ARRIVAL | 人天数<br>(人天)<br>NIGHTS | 平均停留<br>(天)<br>AVERAGE<br>STAY | 人　数<br>(人次)<br>ARRIVAL | 人天数<br>(人天)<br>NIGHTS | 平均停留<br>(天)<br>AVERAGE<br>STAY |
| 805 725 | 2.99 | 14 220 | 52 563 | 3.70 | 175 597 | 1 022 614 | 5.82 |
| 89 725 | 4.30 | 1 636 | 5 448 | 3.33 | 23 596 | 95 373 | 4.04 |
| 33 231 | 3.11 | 1 299 | 1 637 | 1.26 | 1 506 | 3 935 | 2.61 |
| 6 857 | 2.15 | 643 | 1 333 | 2.07 | 3 225 | 6 792 | 2.11 |
| 20 146 | 1.89 | 2 244 | 4 393 | 1.96 | 11 658 | 22 769 | 1.95 |
| 11 836 | 2.73 | 3 603 | 15 480 | 4.30 | 6 269 | 21 318 | 3.40 |
| 1 519 | 1.55 | 539 | 734 | 1.36 | 3 157 | 5 194 | 1.65 |
| 1 991 | 1.30 | 126 | 163 | 1.29 | 2 620 | 3 400 | 1.30 |
| 40 970 | 3.41 | 403 | 1 532 | 3.80 | 22 282 | 61 321 | 2.75 |
| 90 618 | 3.30 | 1 577 | 6 119 | 3.88 | 40 729 | 140 851 | 3.46 |
| 16 797 | 2.36 | 148 | 530 | 3.58 | 13 853 | 22 641 | 1.63 |
| 6 615 | 1.77 | 324 | 400 | 1.23 | 6 170 | 7 501 | 1.22 |
| 97 | 1.03 | 70 | 142 | 2.03 | 3 092 | 6 518 | 2.11 |
| 44 122 | 2.08 | 10 161 | 20 527 | 2.02 | 13 071 | 22 407 | 1.71 |
| 767 524 | 4.10 | 19 044 | 71 415 | 3.75 | 319 913 | 1 199 674 | 3.75 |
| 37 056 | 0.39 | 4 014 | 14 235 | 3.55 | 129 537 | 515 501 | 3.98 |
| 108 643 | 1.81 | 1 445 | 1 646 | 1.14 | 87 920 | 213 445 | 2.43 |
| 145 435 | 1.78 | 3 063 | 3 283 | 1.07 | 134 480 | 346 628 | 2.58 |
| 45 837 | 9.95 | 68 | 161 | 2.37 | 8 214 | 111 834 | 13.62 |
| 20 087 | 12.98 | 27 | 142 | 5.26 | 2 197 | 47 110 | 21.44 |
| 328 865 | 2.38 | 10 799 | 29 171 | 2.70 | 221 581 | 582 608 | 2.63 |
| 39 976 | 0.46 | 20 271 | 19 317 | 0.95 | 7 702 | 95 588 | 12.41 |
| 31 090 | 2.13 | 5 577 | 16 133 | 2.89 | 21 728 | 42 073 | 1.94 |
| 14 457 | 2.29 | 93 | 228 | 2.45 | 5 881 | 10 654 | 1.81 |
| 26 682 | 1.15 | 1 437 | 1 653 | 1.15 | 118 563 | 136 347 | 1.15 |
| 212 807 | 2.59 | 3 406 | 24 350 | 7.15 | 108 324 | 394 414 | 3.64 |
| 229 956 | 2.14 | 9 816 | 11 734 | 1.20 | 165 454 | 666 843 | 4.03 |
| 1 177 641 | 3.34 | 41 747 | 75 145 | 1.80 | 52 623 | 302 669 | 5.75 |
| 16 468 | 2.40 | 248 | 381 | 1.54 | 22 621 | 72 274 | 3.19 |

5－5(续 1)

| 城市名称 NAME OF CITY | | 外国人 FOREIGNERS | | | 香港 HONG |
|---|---|---|---|---|---|
| | | 人数(人次) ARRIVAL | 人天数(人天) NIGHTS | 平均停留(天) AVERAGE STAY | 人数(人次) ARRIVAL |
| 南昌 | NANCHANG | 20 105 | 75 985 | 3.78 | 11 264 |
| 九江 | JIUJIANG | 23 037 | 33 564 | 1.46 | 9 707 |
| 济南 | JINAN | 51 098 | 93 453 | 1.83 | 32 911 |
| 青岛 | QINGDAO | 263 309 | 760 260 | 2.89 | 34 762 |
| 烟台 | YANTAI | 75 967 | 242 638 | 3.19 | 15 951 |
| 威海 | WEIHAI | 86 360 | 170 417 | 1.97 | 1 329 |
| 郑州 | ZHENGZHOU | 102 537 | 215 841 | 2.11 | 31 097 |
| 洛阳 | LUOYANG | 90 423 | 254 973 | 2.82 | 6 811 |
| 武汉 | WUHAN | 225 913 | 508 395 | 2.25 | 22 680 |
| 长沙 | CHANGSHA | 110 633 | 331 899 | 3.00 | 46 201 |
| 广州 | GUANGZHOU | 1 103 830 | 2 594 955 | 2.35 | 2 633 722 |
| 深圳 | SHENZHEN | 679 500 | 1 389 300 | 2.04 | 3 027 900 |
| 珠海 | ZHUHAI | 96 569 | 299 605 | 3.10 | 454 352 |
| 汕头 | SHANTOU | 47 012 | 100 132 | 2.13 | 137 037 |
| 湛江 | ZHANJIANG | 5 148 | 12 870 | 2.50 | 3 913 |
| 中山 | ZHONGSHAN | 53 023 | 73 702 | 1.39 | 379 449 |
| 南宁 | NANNING | 31 582 | 49 598 | 1.57 | 12 562 |
| 桂林 | GUILIN | 420 830 | 694 314 | 1.65 | 60 887 |
| 北海 | BEIHAI | 10 816 | 15 007 | 1.39 | 22 267 |
| 海口 | HAIKOU | 32 120 | 71 899 | 2.24 | 41 006 |
| 三亚 | SANYA | 62 874 | 125 289 | 1.99 | 93 600 |
| 重庆 | CHONGQING | 219 214 | 698 541 | 3.19 | 37 240 |
| 成都 | CHENGDU | 188 375 | 423 259 | 2.25 | 50 051 |
| 贵阳 | GUIYANG | 33 224 | 71 431 | 2.15 | 23 606 |
| 昆明 | KUNMING | 343 537 | 578 059 | 1.68 | 74 636 |
| 拉萨 | LHASA | 24 092 | 57 248 | 2.38 | 456 |
| 西安 | XI'AN | 587 547 | 1 468 867 | 2.50 | 33 502 |
| 兰州 | LANZHOU | 23 477 | 36 030 | 1.53 | 4 426 |
| 西宁 | XINING | 11 918 | 22 090 | 1.85 | 4 585 |
| 银川 | YINCHUAN | 4 277 | 11 369 | 2.66 | 1 215 |
| 乌鲁木齐 | URUMQI | 126 451 | 436 927 | 3.46 | 10 803 |

| 同胞<br>KONG | | 澳门同胞<br>MACAO | | | 台湾同胞<br>TAIWAN PROVINCE | | |
|---|---|---|---|---|---|---|---|
| 人天数<br>(人天)<br>NIGHTS | 平均停留<br>(天)<br>AVERAGE<br>STAY | 人　数<br>(人次)<br>ARRIVAL | 人天数<br>(人天)<br>NIGHTS | 平均停留<br>(天)<br>AVERAGE<br>STAY | 人　数<br>(人次)<br>ARRIVAL | 人天数<br>(人天)<br>NIGHTS | 平均停留<br>(天)<br>AVERAGE<br>STAY |
| 88 709 | 7.88 | 1 927 | 6 272 | 3.25 | 8 134 | 36 120 | 4.44 |
| 19 815 | 2.04 | 2 958 | 6 271 | 2.12 | 6 164 | 11 307 | 1.83 |
| 47 372 | 1.44 | 1 027 | 1 316 | 1.28 | 12 625 | 19 146 | 1.52 |
| 109 512 | 3.15 | 512 | 1 018 | 1.99 | 24 839 | 57 603 | 2.32 |
| 30 637 | 1.92 | 2 216 | 10 783 | 4.87 | 18 312 | 116 370 | 6.35 |
| 2 239 | 1.68 | 75 | 114 | 1.52 | 5 350 | 11 362 | 2.12 |
| 62 304 | 2.00 | 14 615 | 31 692 | 2.17 | 14 174 | 30 765 | 2.17 |
| 16 333 | 2.40 | 1 703 | 3 787 | 2.22 | 7 469 | 24 869 | 3.33 |
| 50 317 | 2.22 | 1 736 | 2 380 | 1.37 | 35 600 | 167 178 | 4.70 |
| 124 743 | 2.70 | 11 505 | 28 763 | 2.50 | 60 246 | 168 689 | 2.80 |
| 5 219 210 | 1.98 | 258 917 | 523 352 | 2.02 | 427 214 | 966 273 | 2.26 |
| 5 704 200 | 1.88 | 45 400 | 76 800 | 1.69 | 485 900 | 1 270 100 | 2.61 |
| 599 596 | 1.32 | 116 985 | 121 648 | 1.04 | 431 239 | 580 749 | 1.35 |
| 228 578 | 1.67 | 9 278 | 13 227 | 1.43 | 18 819 | 30 538 | 1.62 |
| 5 869 | 1.50 | 891 | 1 345 | 1.51 | 1 425 | 2 137 | 1.50 |
| 519 845 | 1.37 | 96 637 | 131 426 | 1.36 | 109 057 | 149 314 | 1.37 |
| 18 909 | 1.51 | 1 451 | 1 977 | 1.36 | 11 090 | 18 828 | 1.70 |
| 104 657 | 1.72 | 4 028 | 8 102 | 2.01 | 446 893 | 586 161 | 1.31 |
| 24 969 | 1.12 | 352 | 449 | 1.28 | 6 696 | 7 889 | 1.18 |
| 56 139 | 1.37 | 6 551 | 7 217 | 1.10 | 32 278 | 66 064 | 2.05 |
| 144 123 | 1.54 | 5 707 | 8 049 | 1.41 | 15 011 | 22 435 | 1.49 |
| 93 011 | 2.50 | 1 034 | 2 361 | 2.28 | 55 766 | 170 730 | 3.06 |
| 100 694 | 2.01 | 1 879 | 4 564 | 2.43 | 104 841 | 188 491 | 1.80 |
| 49 100 | 2.08 | 2 364 | 5 673 | 2.40 | 28 238 | 59 864 | 2.12 |
| 116 055 | 1.55 | 3 194 | 4 527 | 1.42 | 169 460 | 220 683 | 1.30 |
| 1 267 | 2.78 | 955 | 2 399 | 2.51 | 749 | 1 917 | 2.56 |
| 70 354 | 2.10 | 3 872 | 13 161 | 3.40 | 47 094 | 122 444 | 2.60 |
| 6 196 | 1.40 | 112 | 166 | 1.48 | 10 987 | 17 116 | 1.56 |
| 8 859 | 1.93 | 1 092 | 2 267 | 2.08 | 9 555 | 18 310 | 1.92 |
| 3 089 | 2.54 | 115 | 250 | 2.17 | 1 050 | 2 533 | 2.41 |
| 20 313 | 1.88 | 927 | 1 970 | 2.13 | 16 778 | 27 596 | 1.64 |

# 5-6 2001年主要城市接待
# FOREIGN TOURISTS BY MAJOR

| 城市名称 NAME OF CITY | | 合计 TOTAL | #日本 JAPAN | #韩国 KOREA | #马来西亚 MALAYSIA | #菲律宾 PHILIPPINES | #新加坡 SINGAPORE |
|---|---|---|---|---|---|---|---|
| 北京 | BEIJING | 2 398 790 | 468 904 | 301 419 | 63 518 | 10 148 | 63 028 |
| 天津 | TIANJIN | 375 329 | 39 093 | 36 203 | 2 537 | 495 | 3 641 |
| 石家庄 | SHIJIAZHUANG | 39 856 | 5 829 | 2 441 | 972 | 297 | 944 |
| 秦皇岛 | QINHUANGDAO | 132 952 | 16 434 | 13 113 | 5 100 | 4 831 | 4 010 |
| 承德 | CHENGDE | 120 512 | 4 732 | 1 165 | 48 816 | 783 | 16 510 |
| 太原 | TAIYUAN | 29 451 | 9 452 | 1 524 | 1 067 | 179 | 1 410 |
| 大同 | DATONG | 51 411 | 33 393 | 1 343 | 398 | 0 | 1 802 |
| 呼和浩特 | HOHHOT | 16 042 | 7 720 | 592 | 418 | 18 | 765 |
| 沈阳 | SHENYANG | 126 305 | 50 461 | 69 019 | 2 098 | 358 | 5 187 |
| 大连 | DALIAN | 363 552 | 180 053 | 99 304 | 3 179 | 1 437 | 4 716 |
| 长春 | CHANGCHUN | 45 720 | 16 358 | 9 763 | 2 420 | 138 | 2 143 |
| 吉林 | JILIN | 9 733 | 1 500 | 1 492 | 751 | 62 | 2 317 |
| 延边 | YANBIAN | 167 296 | 2 372 | 101 335 | 26 | 15 | 211 |
| 哈尔滨 | HARBIN | 125 309 | 34 465 | 21 148 | 1 440 | 563 | 1 927 |
| 上海 | SHANGHAI | 1 516 478 | 548 633 | 107 617 | 55 869 | 58 578 | 50 177 |
| 南京 | NANJING | 242 363 | 48 023 | 17 134 | 41 842 | 1 169 | 12 345 |
| 无锡 | WUXI | 196 172 | 71 190 | 10 413 | 44 068 | 910 | 11 367 |
| 苏州 | SUZHOU | 415 879 | 130 245 | 70 068 | 39 546 | 1 126 | 17 917 |
| 南通 | NANTONG | 48 073 | 19 006 | 2 113 | 414 | 144 | 595 |
| 连云港 | LIANYUNGANG | 7 169 | 1 380 | 790 | 30 | 19 | 84 |
| 杭州 | HANGZHOU | 449 089 | 97 894 | 82 544 | 34 697 | 4 044 | 20 958 |
| 宁波 | NINGBO | 160 901 | 30 485 | 10 466 | 1 811 | 911 | 3 366 |
| 温州 | WENZHOU | 50 959 | 5 655 | 2 086 | 1 018 | 654 | 1 673 |
| 合肥 | HEFEI | 26 879 | 6 495 | 2 095 | 640 | 301 | 1 093 |
| 黄山 | HUANGSHAN | 118 798 | 31 339 | 14 429 | 10 859 | 483 | 11 060 |
| 福州 | FUZHOU | 124 814 | 19 251 | 2 468 | 8 150 | 981 | 6 430 |
| 厦门 | XIAMEN | 219 740 | 29 526 | 2 908 | 10 379 | 8 461 | 18 679 |
| 泉州 | QUANZHOU | 43 407 | 11 084 | 2 906 | 8 139 | 4 851 | 6 098 |
| 漳州 | ZHANGZHOU | 8 094 | 1 446 | 335 | 389 | 31 | 628 |

# 外国旅游者人数(按国籍分)
## CITIES & NATIONALITY 2001

单　位:人次
UNIT:PERSON

| #泰国 THAILAND | #美国 U.S.A. | #加拿大 CANADA | #英国 UNITED KINGDOM | #法国 FRANCE | #德国 GERMANY | #俄罗斯 RUSSIA | #澳大利亚 AUSTRALIA |
|---|---|---|---|---|---|---|---|
| 32 887 | 290 936 | 46 764 | 106 174 | 96 002 | 117 768 | 44 392 | 43 743 |
| 497 | 10 119 | 1 610 | 2 489 | 2 029 | 2 451 | 699 | 1 942 |
| 267 | 2 066 | 776 | 2 421 | 1 774 | 1 150 | 11 732 | 3 005 |
| 3 554 | 6 407 | 3 506 | 6 266 | 5 837 | 5 844 | 19 725 | 4 318 |
| 1 739 | 2 697 | 617 | 10 526 | 6 546 | 2 822 | 278 | 449 |
| 486 | 2 440 | 543 | 1 150 | 1 792 | 1 588 | 2 442 | 670 |
| 410 | 866 | 146 | 1 085 | 2 965 | 1 564 | 5 | 200 |
| 231 | 1 451 | 289 | 503 | 218 | 462 | 472 | 664 |
| 1 481 | 8 641 | 1 427 | 1 727 | 1 395 | 3 094 | 8 691 | 1 435 |
| 1 156 | 8 785 | 2 382 | 2 327 | 1 693 | 3 047 | 9 310 | 2 108 |
| 289 | 1 809 | 512 | 749 | 419 | 5 201 | 450 | 392 |
| 177 | 725 | 114 | 112 | 124 | 214 | 376 | 60 |
| 29 | 489 | 118 | 47 | 41 | 28 | 59 166 | 11 |
| 1 507 | 2 428 | 874 | 784 | 2 234 | 1 173 | 40 581 | 648 |
| 19 976 | 140 378 | 23 162 | 19 930 | 54 392 | 71 672 | 7 761 | 30 781 |
| 5 818 | 22 531 | 4 650 | 9 447 | 6 026 | 10 025 | 708 | 5 713 |
| 8 473 | 17 352 | 2 326 | 1 526 | 1 279 | 5 187 | 715 | 3 522 |
| 8 651 | 37 610 | 5 588 | 11 566 | 24 293 | 11 316 | 473 | 6 406 |
| 158 | 13 733 | 174 | 2 083 | 271 | 1 623 | 227 | 208 |
| 10 | 225 | 63 | 137 | 116 | 140 | 746 | 32 |
| 16 328 | 47 163 | 9 791 | 8 534 | 11 265 | 16 504 | 6 872 | 9 890 |
| 1 014 | 7 983 | 1 729 | 2 687 | 2 247 | 2 603 | 793 | 2 047 |
| 569 | 2 948 | 699 | 1 227 | 2 043 | 1 144 | 748 | 893 |
| 136 | 4 709 | 1 048 | 711 | 423 | 1 492 | 74 | 672 |
| 4 414 | 14 631 | 2 172 | 3 722 | 4 641 | 1 825 | 80 | 3 411 |
| 919 | 5 047 | 1 291 | 916 | 622 | 837 | 351 | 1 246 |
| 1 211 | 7 862 | 1 114 | 1 458 | 1 002 | 1 507 | 47 | 1 372 |
| 1 409 | 4 436 | 659 | 808 | 575 | 653 | 959 | 708 |
| 398 | 693 | 195 | 38 | 67 | 57 | 11 | 80 |

5－6(续 1)

| 城市名称 NAME OF CITY | | 合 计 TOTAL | ＃日 本 JAPAN | ＃韩 国 KOREA | ＃马来西亚 MALA-YSIA | ＃菲律宾 PHILIP-PINES | ＃新加坡 SINGA-PORE |
|---|---|---|---|---|---|---|---|
| 南 昌 | NANCHANG | 20 105 | 7 404 | 1 548 | 1 042 | 394 | 1 524 |
| 九 江 | JIUJIANG | 23 037 | 4 808 | 1 610 | 804 | 250 | 1 112 |
| 济 南 | JINAN | 51 098 | 13 236 | 6 893 | 4 452 | 333 | 3 950 |
| 青 岛 | QINGDAO | 263 309 | 88 821 | 87 249 | 3 350 | 919 | 4 418 |
| 烟 台 | YANTAI | 75 967 | 13 685 | 31 567 | 706 | 390 | 1 408 |
| 威 海 | WEIHAI | 86 360 | 7 304 | 64 262 | 96 | 138 | 170 |
| 郑 州 | ZHENGZHOU | 102 537 | 31 720 | 3 889 | 939 | 1 480 | 1 977 |
| 洛 阳 | LUOYANG | 90 423 | 18 705 | 1 236 | 1 871 | 1 583 | 673 |
| 武 汉 | WUHAN | 225 913 | 24 975 | 2 444 | 1 339 | 192 | 1 581 |
| 长 沙 | CHANGSHA | 110 633 | 42 992 | 53 066 | 1 043 | 287 | 1 554 |
| 广 州 | GUANGZHOU | 1 103 830 | 160 153 | 24 107 | 42 984 | 7 966 | 30 572 |
| 深 圳 | SHENZHEN | 679 500 | 197 847 | 45 172 | 42 174 | 12 461 | 53 788 |
| 珠 海 | ZHUHAI | 96 569 | 28 511 | 2 262 | 3 041 | 700 | 3 762 |
| 汕 头 | SHANTOU | 47 012 | 1 623 | 426 | 1 369 | 74 | 2 781 |
| 湛 江 | ZHANJIANG | 5 148 | 620 | 402 | 189 | 189 | 349 |
| 中 山 | ZHONGSHAN | 53 023 | 21 432 | 2 514 | 2 739 | 385 | 2 171 |
| 南 宁 | NANNING | 31 582 | 1 498 | 268 | 527 | 97 | 414 |
| 桂 林 | GUILIN | 420 830 | 82 223 | 101 190 | 8 407 | 2 712 | 3 709 |
| 北 海 | BEIHAI | 10 816 | 788 | 157 | 132 | 35 | 152 |
| 海 口 | HAIKOU | 32 120 | 7 728 | 1 443 | 5 127 | 174 | 5 003 |
| 三 亚 | SANYA | 62 874 | 17 550 | 13 441 | 2 004 | 517 | 3 379 |
| 重 庆 | CHONGQING | 219 214 | 32 658 | 5 322 | 1 159 | 559 | 1 203 |
| 成 都 | CHENGDU | 188 375 | 55 171 | 8 930 | 5 192 | 2 147 | 9 217 |
| 贵 阳 | GUIYANG | 33 224 | 4 245 | 201 | 3 011 | 1 870 | 3 039 |
| 昆 明 | KUNMING | 343 537 | 77 110 | 20 978 | 48 814 | 1 358 | 45 627 |
| 拉 萨 | LHASA | 24 092 | 11 678 | 2 083 | 239 | 27 | 1 188 |
| 西 安 | XI'AN | 587 547 | 4 492 | 2 772 | 372 | 15 | 344 |
| 兰 州 | LANZHOU | 23 477 | 5 645 | 967 | 873 | 358 | 927 |
| 西 宁 | XINING | 11 918 | 2 927 | 383 | 131 | 29 | 1 344 |
| 银 川 | YINCHUAN | 4 277 | 1 504 | 179 | 57 | 14 | 216 |
| 乌鲁木齐 | URUMQI | 126 451 | 21 349 | 1 902 | 1 610 | 267 | 2 085 |

| #泰　国 THAI-LAND | #美　国 U.S.A. | #加拿大 CANADA | #英　国 UNITED KINGDOM | #法　国 FRANCE | #德　国 GERMANY | #俄罗斯 RUSSIA | #澳大利亚 AUS-TRALIA |
|---|---|---|---|---|---|---|---|
| 666 | 7 186 | 1 658 | 1 443 | 900 | 784 | 544 | 502 |
| 794 | 13 444 | 212 | 3 410 | 1 013 | 1 673 | 200 | 928 |
| 1 104 | 6 592 | 1 454 | 1 061 | 890 | 1 418 | 2 408 | 1 043 |
| 787 | 9 396 | 2 138 | 2 446 | 1 968 | 4 006 | 2 019 | 2 071 |
| 289 | 2 056 | 527 | 727 | 392 | 613 | 278 | 339 |
| 16 | 1 284 | 240 | 323 | 228 | 584 | 537 | 365 |
| 1 267 | 6 081 | 3 863 | 7 521 | 5 911 | 8 281 | 1 780 | 3 391 |
| 1 772 | 4 220 | 1 905 | 2 766 | 7 653 | 16 504 | 60 | 3 812 |
| 1 041 | 55 782 | 3 362 | 9 008 | 6 151 | 28 385 | 515 | 2 157 |
| 471 | 10 814 | 4 557 | 583 | 648 | 888 | 203 | 867 |
| 18 151 | 86 428 | 16 771 | 21 059 | 24 126 | 30 663 | 3 967 | 17 988 |
| 18 344 | 75 328 | 14 092 | 20 916 | 15 722 | 11 337 | 3 227 | 12 796 |
| 855 | 10 575 | 2 125 | 2 341 | 1 509 | 1 921 | 723 | 1 547 |
| 5 340 | 789 | 300 | 241 | 372 | 134 | 75 | 264 |
| 282 | 1 047 | 285 | 189 | 154 | 101 | 185 | 201 |
| 509 | 8 229 | 1 150 | 1 457 | 967 | 858 | 223 | 1 638 |
| 2 826 | 3 069 | 651 | 749 | 653 | 450 | 46 | 694 |
| 10 977 | 50 515 | 6 405 | 14 443 | 29 742 | 29 013 | 244 | 7 134 |
| 79 | 557 | 125 | 127 | 100 | 100 | 8 | 125 |
| 1 712 | 2 103 | 708 | 451 | 445 | 430 | 60 | 432 |
| 530 | 3 842 | 1 380 | 830 | 626 | 2 499 | 2 892 | 1 324 |
| 509 | 17 251 | 2 082 | 11 039 | 5 856 | 10 744 | 298 | 2 293 |
| 16 001 | 30 427 | 5 145 | 6 364 | 5 515 | 6 243 | 519 | 4 430 |
| 2 566 | 1 931 | 342 | 1 191 | 1 316 | 917 | 5 | 106 |
| 51 026 | 23 842 | 3 767 | 5 812 | 7 784 | 7 665 | 643 | 5 268 |
| 897 | 19 156 | 1 671 | 3 074 | 2 363 | 6 093 | 584 | 2 102 |
| 57 | 1 337 | 371 | 940 | 390 | 350 | 43 | 285 |
| 789 | 3 471 | 661 | 938 | 1 804 | 1 610 | 10 | 723 |
| 5 | 1 206 | 966 | 1 065 | 762 | 861 | 17 | 352 |
| 83 | 409 | 156 | 191 | 117 | 343 | 170 | 90 |
| 1 048 | 7 166 | 1 459 | 1 846 | 1 682 | 2 123 | 67 671 | 1 335 |

# 六、星级饭店基本情况

## 6. STATISTICS OF STAR－RATED HOTELS

# 6-1 2001年全国星级饭店

## BREAKDOWN OF STAR-RATED HOTELS BY ECONOMIC TYPE,

| 饭店类型、规模和星级 ECONOMIC TYPE,CAPACITY & STAR-RATED | | 饭店数(座) NUMBER OF HOTELS | 房间数(间) NUMBER OF ROOMS | 床位数(张) NUMBER OF BEDS |
|---|---|---|---|---|
| 一、饭店经济类型 | ECONOMIC TYPE | | | |
| **合计** | **TOTAL** | **7 358** | **816 260** | **1 533 053** |
| 国有企业 | STATE-OWNED | 4 339 | 428 294 | 849 304 |
| 集体企业 | COLLECTIVE | 790 | 63 826 | 117 730 |
| 股份合作企业 | SHARE HOLDING CO-OPERATIVE | 115 | 42 436 | 58 140 |
| 联营企业 | ALLIANCE | 97 | 10 247 | 19 326 |
| 有限责任公司 | LIMITED LIABILITY | 477 | 50 003 | 91 901 |
| 股份有限公司 | LIMITED LIABILITY SHARE | 276 | 38 372 | 69 787 |
| 私营经济 | PRIVATE-OWNED | 351 | 27 653 | 53 689 |
| 其他企业 | OTHERS | 321 | 29 453 | 55 381 |
| 港澳台投资经济 | H.K.,MACAU,TAIWAN FUNDED | 324 | 67 757 | 117 049 |
| 外商投资经济 | FOREIGN FUNDED | 268 | 58 219 | 100 746 |
| 二、饭店规模 | CAPACITY | | | |
| **合计** | **TOTAL** | **7 358** | **816 260** | **1 533 053** |
| 客房数 500 间以上 | ROOMS OVER 500 | 94 | 126 320 | 191 233 |
| 客房数 300～499 间 | ROOMS BETWEEN 300-499 | 283 | 102 689 | 178 832 |
| 客房数 200～299 间 | ROOMS BETWEEN 200-299 | 560 | 134 238 | 248 507 |
| 客房数 100～199 间 | ROOMS BETWEEN 100-199 | 1 917 | 263 798 | 523 463 |
| 客房数 99 间以下 | ROOMS UNDER 99 | 4 504 | 189 215 | 391 018 |
| 三、饭店星级 | STAR-RATED HOTEL | | | |
| **合计** | **TOTAL** | **7 358** | **816 260** | **1 533 053** |
| 五星级 | 5-STAR | 129 | 50 342 | 77 683 |
| 四星级 | 4-STAR | 441 | 106 063 | 191 260 |
| 三星级 | 3-STAR | 2 287 | 327 420 | 605 641 |
| 二星级 | 2-STAR | 3 748 | 294 694 | 581 650 |
| 一星级 | 1-STAR | 753 | 37 741 | 76 819 |

## 基本情况(按经济类型、规模和星级分)
## CAPACITY,STAR - RATED & FINANCE 2001

| 客房出租率(%) ROOM OCCUPANCY (%) | 营业收入 (万元) TOTAL REVENUE (0000 RMB¥) | 营业税金 (万元) TAX (0000 RMB¥) | 固定资产 (万元) FIXED ASSETS (0000 RMB¥) |
|---|---|---|---|
| **58.45** | **7 633 231.98** | **396 619.07** | **21 536 177.13** |
| 55.13 | 3 169 792.84 | 168 905.34 | 9 191 120.98 |
| 59.25 | 421 946.54 | 23 583.02 | 1 180 994.23 |
| 60.71 | 159 622.44 | 6 450.72 | 310 984.71 |
| 57.44 | 108 543.85 | 4 756.83 | 318 468.06 |
| 62.38 | 488 116.04 | 27 654.67 | 1 144 137.56 |
| 64.73 | 461 357.96 | 24 103.82 | 1 487 310.67 |
| 56.52 | 128 319.76 | 7 574.66 | 350 950.25 |
| 59.42 | 206 800.84 | 10 949.64 | 518 807.77 |
| 64.65 | 1 359 122.09 | 61 339.06 | 3 540 731.02 |
| 64.15 | 1 129 609.62 | 61 301.31 | 3 492 671.88 |
| **58.45** | **7 633 231.98** | **396 619.07** | **21 536 177.13** |
| 66.98 | 1 199 384.33 | 59 014.94 | 3 096 626.15 |
| 63.64 | 1 486 555.26 | 74 691.16 | 4 870 165.95 |
| 60.97 | 1 440 181.11 | 74 203.14 | 4 578 619.34 |
| 59.61 | 1 982 505.38 | 107 165.83 | 5 874 468.43 |
| 51.74 | 1 524 605.90 | 81 544.00 | 3 116 297.26 |
| **58.45** | **7 633 231.98** | **396 619.07** | **21 536 177.13** |
| 65.12 | 1 496 590.57 | 75 632.79 | 4 267 249.48 |
| 64.96 | 1 806 137.51 | 92 864.07 | 5 202 861.75 |
| 60.34 | 2 829 574.34 | 150 780.54 | 8 471 482.97 |
| 53.35 | 1 401 227.16 | 71 754.02 | 3 316 799.22 |
| 46.33 | 99 702.40 | 5 587.65 | 277 783.71 |

# 6-2 2001年全国星级饭店

## BREAKDOWN OF STAR-RATED HOTELS, ROOMS,

| 地区 LOCALITY | 饭店数（座） NUMBER OF HOTELS | 房间数（间） NUMBER OF ROOMS | 床位数（张） NUMBER OF BEDS |
|---|---|---|---|
| **总计 TOTAL** | **7 358** | **816 260** | **1533 053** |
| 北京 BEIJING | 508 | 112 270 | 191 253 |
| 天津 TIANJIN | 80 | 10 973 | 20 186 |
| 河北 HEBEI | 226 | 21 912 | 41 640 |
| 山西 SHANXI | 189 | 17 649 | 33 982 |
| 内蒙古 INNER MONGOLIA | 111 | 9 319 | 18 563 |
| 辽宁 LIAONING | 285 | 29 123 | 51 323 |
| 吉林 JILIN | 137 | 12 270 | 24 197 |
| 黑龙江 HEILONGJIANG | 221 | 17 338 | 34 693 |
| 上海 SHANGHAI | 300 | 50 866 | 90 346 |
| 江苏 JIANGSU | 565 | 50 089 | 94 970 |
| 浙江 ZHEJIANG | 610 | 58 383 | 108 398 |
| 安徽 ANHUI | 215 | 20 379 | 40 666 |
| 福建 FUJIAN | 230 | 50 133 | 84 746 |
| 江西 JIANGXI | 185 | 14 150 | 28 130 |
| 山东 SHANDONG | 342 | 36 712 | 74 074 |
| 河南 HENAN | 242 | 25 414 | 43 027 |
| 湖北 HUBEI | 460 | 32 454 | 71 006 |
| 湖南 HUNAN | 166 | 17 424 | 44 750 |
| 广东 GUANGDONG | 640 | 64 975 | 121 396 |
| 广西 GUANGXI | 246 | 29 159 | 57 916 |
| 海南 HAINAN | 157 | 17 735 | 32 932 |
| 重庆 CHONGQING | 69 | 7 881 | 14 264 |
| 四川 SICHUAN | 204 | 24 335 | 45 215 |
| 贵州 GUIZHOU | 58 | 6 026 | 12 163 |
| 云南 YUNNAN | 431 | 28 869 | 50 580 |
| 西藏 TIBET | 12 | 1 808 | 3 682 |
| 陕西 SHAANXI | 141 | 13 330 | 26 200 |
| 甘肃 GANSU | 97 | 11 032 | 22 406 |
| 青海 QINGHAI | 29 | 2 209 | 4 231 |
| 宁夏 NINGXIA | 29 | 3 098 | 6 168 |
| 新疆 XINJIANG | 173 | 18 945 | 39 950 |

# 基本情况(按地区分)
# OCCUPANCIES & FINANCE BY LOCALITY 2001

| 客房出租率 (%) ROOM OCCU-PANCY (%) | 营业收入 (万元) TOTAL REVENUE (0000 RMB¥) | 营业税金 (万元) TAX (0000 RMB¥) | 固定资产 (万元) FIXED ASSETS (0000 RMB¥) |
|---|---|---|---|
| **58.45** | **7 633 231.98** | **396 619.07** | **21 536 177.13** |
| 62.21 | 1 212 647.82 | 60 740.08 | 3 414 140.67 |
| 47.52 | 107 192.20 | 5 795.20 | 333 201.35 |
| 33.34 | 193 415.69 | 9 980.41 | 367 345.66 |
| 51.35 | 98 044.60 | 5 312.12 | 256 555.55 |
| 57.32 | 59 696.27 | 3 555.93 | 166 866.77 |
| 57.46 | 287 790.58 | 15 582.13 | 1 288 658.01 |
| 57.05 | 75 324.46 | 4 043.67 | 377 899.67 |
| 32.43 | 104 919.76 | 5 670.22 | 395 067.21 |
| 67.47 | 867 911.91 | 41 739.43 | 2 160 217.93 |
| 59.31 | 605 798.85 | 28 447.55 | 1 640 673.73 |
| 66.23 | 814 123.94 | 36 319.19 | 1 766 078.81 |
| 55.14 | 108 559.21 | 5 821.43 | 251 640.11 |
| 48.77 | 171 843.34 | 11 934.18 | 503 596.56 |
| 43.92 | 66 010.07 | 3 398.54 | 287 673.24 |
| 56.45 | 354 078.63 | 17 940.77 | 1 209 339.78 |
| 58.21 | 86 295.19 | 7 786.18 | 238 070.43 |
| 60.48 | 169 450.92 | 8 918.48 | 529 652.81 |
| 59.23 | 104 686.70 | 4 931.57 | 348 979.13 |
| 62.45 | 1 173 614.93 | 63 735.14 | 2 166 765.40 |
| 57.55 | 170 537.22 | 9 145.73 | 618 816.41 |
| 60.42 | 100 595.28 | 5 874.13 | 565 515.94 |
| 57.34 | 89 937.43 | 5 031.32 | 321 311.17 |
| 53.54 | 145 543.76 | 8 003.89 | 652 915.50 |
| 59.94 | 34 626.35 | 1 770.75 | 89 715.41 |
| 54.69 | 108 649.09 | 5 919.11 | 571 288.27 |
| 31.92 | 8 147.00 | 451.00 | 38 930.00 |
| 54.70 | 116 496.05 | 5 867.46 | 396 159.35 |
| 49.02 | 59 161.71 | 3 387.88 | 202 911.64 |
| 59.60 | 14 898.27 | 791.25 | 31 661.62 |
| 54.95 | 21 971.82 | 1 380.78 | 77 072.21 |
| 50.80 | 101 262.93 | 7 343.55 | 267 456.79 |

# 6－3　2001年全国各地区星级

## NUMBER OF STAR－RATED HOTELS BY

| 地　区<br>LOCALITY | | 总　计<br>TOTAL | 国有企业<br>STATE－OWNED | 集体企业<br>COLLEC－TIVE | 股份合作企业<br>SHARE HOLDING CO－OPERATIVE | 联营企业<br>ALLIANCE |
|---|---|---|---|---|---|---|
| **总　计** | **TOTAL** | **7 358** | **4 339** | **790** | **115** | **97** |
| 北　京 | BEIJING | 508 | 279 | 73 | 16 | 9 |
| 天　津 | TIANJIN | 80 | 41 | 10 | 1 | 1 |
| 河　北 | HEBEI | 226 | 219 | 2 | 0 | 0 |
| 山　西 | SHANXI | 189 | 108 | 18 | 1 | 1 |
| 内蒙古 | INNER MONGOLIA | 111 | 105 | 5 | 0 | 0 |
| 辽　宁 | LIAONING | 285 | 151 | 28 | 4 | 0 |
| 吉　林 | JILIN | 137 | 109 | 4 | 2 | 0 |
| 黑龙江 | HEILONGJIANG | 221 | 86 | 2 | 1 | 1 |
| 上　海 | SHANGHAI | 300 | 155 | 37 | 5 | 12 |
| 江　苏 | JIANGSU | 565 | 342 | 61 | 1 | 8 |
| 浙　江 | ZHEJIANG | 610 | 169 | 77 | 30 | 11 |
| 安　徽 | ANHUI | 215 | 143 | 19 | 2 | 4 |
| 福　建 | FUJIAN | 230 | 93 | 35 | 4 | 6 |
| 江　西 | JIANGXI | 185 | 174 | 2 | 0 | 0 |
| 山　东 | SHANDONG | 342 | 230 | 33 | 8 | 5 |
| 河　南 | HENAN | 242 | 168 | 23 | 3 | 0 |
| 湖　北 | HUBEI | 460 | 355 | 50 | 2 | 3 |
| 湖　南 | HUNAN | 166 | 106 | 26 | 0 | 0 |
| 广　东 | GUANGDONG | 640 | 297 | 88 | 13 | 18 |
| 广　西 | GUANGXI | 246 | 142 | 31 | 3 | 3 |
| 海　南 | HAINAN | 157 | 47 | 20 | 4 | 7 |
| 重　庆 | CHONGQING | 69 | 28 | 5 | 1 | 0 |
| 四　川 | SICHUAN | 204 | 118 | 22 | 4 | 2 |
| 贵　州 | GUIZHOU | 58 | 54 | 0 | 0 | 0 |
| 云　南 | YUNNAN | 431 | 218 | 80 | 9 | 6 |
| 西　藏 | TIBET | 12 | 5 | 6 | 0 | 0 |
| 陕　西 | SHAANXI | 141 | 112 | 10 | 0 | 0 |
| 甘　肃 | GANSU | 97 | 93 | 0 | 0 | 0 |
| 青　海 | QINGHAI | 29 | 27 | 0 | 0 | 0 |
| 宁　夏 | NINGXIA | 29 | 29 | 0 | 0 | 0 |
| 新　疆 | XINJIANG | 173 | 136 | 23 | 1 | 0 |

# 饭店数(按经济类型分)

## ECONOMIC TYPE 2001

单　位:座
UNIT:NUMBER

| 有限责任公司 LIMITED LIABILITY | 股份有限公司 LIMITED LIABILITY SHARES | 私营企业 PRIVATE-OWNED | 其他内资企业 OTHER DOMESTIC FUNDED | 港澳台投资企业 H.K.,MACAO TAIWAN FUNDED | 外商投资企业 FOREIGN FUNDED |
|---|---|---|---|---|---|
| **477** | **276** | **351** | **321** | **324** | **268** |
| 32 | 12 | 18 | 6 | 21 | 42 |
| 8 | 0 | 0 | 0 | 6 | 13 |
| 0 | 0 | 0 | 1 | 2 | 2 |
| 15 | 12 | 17 | 13 | 3 | 1 |
| 0 | 1 | 0 | 0 | 0 | 0 |
| 23 | 15 | 16 | 3 | 26 | 19 |
| 0 | 1 | 4 | 3 | 4 | 10 |
| 9 | 1 | 3 | 114 | 4 | 0 |
| 32 | 14 | 7 | 5 | 19 | 14 |
| 42 | 24 | 16 | 39 | 16 | 16 |
| 98 | 66 | 85 | 44 | 19 | 11 |
| 11 | 11 | 7 | 0 | 9 | 9 |
| 21 | 6 | 26 | 1 | 21 | 17 |
| 0 | 0 | 0 | 0 | 6 | 3 |
| 22 | 8 | 11 | 2 | 11 | 12 |
| 8 | 3 | 29 | 2 | 5 | 1 |
| 10 | 14 | 15 | 0 | 11 | 0 |
| 10 | 6 | 3 | 2 | 9 | 4 |
| 39 | 19 | 30 | 12 | 89 | 35 |
| 13 | 8 | 12 | 2 | 18 | 14 |
| 18 | 19 | 13 | 8 | 8 | 13 |
| 9 | 2 | 6 | 11 | 3 | 4 |
| 17 | 12 | 10 | 10 | 5 | 4 |
| 1 | 1 | 0 | 1 | 0 | 1 |
| 28 | 12 | 20 | 41 | 7 | 10 |
| 0 | 1 | 0 | 0 | 0 | 0 |
| 3 | 3 | 3 | 1 | 1 | 8 |
| 1 | 1 | 0 | 0 | 0 | 2 |
| 1 | 1 | 0 | 0 | 0 | 0 |
| 0 | 0 | 0 | 0 | 0 | 0 |
| 6 | 3 | 0 | 0 | 1 | 3 |

# 6－4　2001年全国各地区星级饭店数(按规模分)

## NUMBER OF STAR－RATED HOTELS BY CAPACITY 2001

单　位:座

UNIT:NUMBER

| 地　区 LOCALITY | 总　计 TOTAL | 客房数500以上 ROOMS OVER 500 | 客房数300－499 ROOMS BETWEEN 300－499 | 客房数200－299 ROOMS BETWEEN 200－299 | 客房数100～199 ROOMS BETWEEN 100－199 | 客房数99以下 ROOMS UNDER 99 |
|---|---|---|---|---|---|---|
| **总　计　TOTAL** | **7 358** | **94** | **283** | **560** | **1 917** | **4 504** |
| 北　京　BEIJING | 508 | 24 | 52 | 50 | 146 | 236 |
| 天　津　TIANJIN | 80 | 1 | 5 | 11 | 30 | 33 |
| 河　北　HEBEI | 226 | 1 | 0 | 25 | 74 | 126 |
| 山　西　SHANXI | 189 | 0 | 4 | 7 | 54 | 124 |
| 内蒙古　INNER MONGOLIA | 111 | 1 | 2 | 7 | 17 | 84 |
| 辽　宁　LIAONING | 285 | 5 | 10 | 18 | 74 | 178 |
| 吉　林　JILIN | 137 | 0 | 3 | 7 | 38 | 89 |
| 黑龙江　HEILONGJIANG | 221 | 0 | 5 | 12 | 38 | 166 |
| 上　海　SHANGHAI | 300 | 15 | 31 | 39 | 92 | 123 |
| 江　苏　JIANGSU | 565 | 3 | 18 | 36 | 142 | 366 |
| 浙　江　ZHEJIANG | 610 | 2 | 16 | 45 | 171 | 376 |
| 安　徽　ANHUI | 215 | 0 | 3 | 13 | 71 | 128 |
| 福　建　FUJIAN | 230 | 3 | 7 | 25 | 72 | 123 |
| 江　西　JIANGXI | 185 | 0 | 1 | 16 | 43 | 125 |
| 山　东　SHANDONG | 342 | 2 | 11 | 27 | 104 | 198 |
| 河　南　HENAN | 242 | 8 | 5 | 6 | 40 | 183 |
| 湖　北　HUBEI | 460 | 0 | 9 | 12 | 85 | 354 |
| 湖　南　HUNAN | 166 | 0 | 5 | 16 | 49 | 96 |
| 广　东　GUANGDONG | 640 | 14 | 30 | 55 | 140 | 401 |
| 广　西　GUANGXI | 246 | 2 | 15 | 28 | 62 | 139 |
| 海　南　HAINAN | 157 | 0 | 8 | 20 | 49 | 80 |
| 重　庆　CHONGQING | 69 | 1 | 3 | 9 | 23 | 33 |
| 四　川　SICHUAN | 204 | 2 | 7 | 22 | 75 | 98 |
| 贵　州　GUIZHOU | 58 | 0 | 1 | 3 | 22 | 32 |
| 云　南　YUNNAN | 431 | 4 | 6 | 20 | 76 | 325 |
| 西　藏　TIBET | 12 | 1 | 0 | 1 | 6 | 4 |
| 陕　西　SHAANXI | 141 | 3 | 13 | 5 | 21 | 99 |
| 甘　肃　GANSU | 97 | 1 | 6 | 7 | 28 | 55 |
| 青　海　QINGHAI | 29 | 0 | 2 | 1 | 5 | 21 |
| 宁　夏　NINGXIA | 29 | 0 | 0 | 2 | 11 | 16 |
| 新　疆　XINJIANG | 173 | 1 | 5 | 15 | 59 | 93 |

# 6－5 2001年全国各地区星级饭店数(按星级分)

## NUMBER OF STAR－RATED HOTELS 2001

单 位:座
UNIT:NUMBER

| 地区 LOCALITY | | 星级饭店合计 TOTAL | 五星级 FIVE－STAR | 四星级 FOUR－STAR | 三星级 THREE－STAR | 二星级 TWO－STAR | 一星级 ONE－STAR |
|---|---|---|---|---|---|---|---|
| **总计** | **TOTAL** | **7 358** | **129** | **441** | **2 287** | **3 748** | **753** |
| 北京 | BEIJING | 508 | 21 | 43 | 154 | 230 | 60 |
| 天津 | TIANJIN | 80 | 1 | 8 | 34 | 34 | 3 |
| 河北 | HEBEI | 226 | 0 | 7 | 77 | 125 | 17 |
| 山西 | SHANXI | 189 | 0 | 11 | 56 | 116 | 6 |
| 内蒙古 | INNER MONGOLIA | 111 | 1 | 3 | 23 | 62 | 22 |
| 辽宁 | LIAONING | 285 | 6 | 18 | 99 | 113 | 49 |
| 吉林 | JILIN | 137 | 2 | 4 | 44 | 77 | 10 |
| 黑龙江 | HEILONGJIANG | 221 | 2 | 9 | 60 | 99 | 51 |
| 上海 | SHANGHAI | 300 | 15 | 27 | 109 | 128 | 21 |
| 江苏 | JIANGSU | 565 | 8 | 51 | 180 | 301 | 25 |
| 浙江 | ZHEJIANG | 610 | 4 | 38 | 162 | 329 | 77 |
| 安徽 | ANHUI | 215 | 2 | 11 | 65 | 126 | 11 |
| 福建 | FUJIAN | 230 | 4 | 4 | 91 | 115 | 16 |
| 江西 | JIANGXI | 185 | 0 | 5 | 50 | 115 | 15 |
| 山东 | SHANDONG | 342 | 6 | 23 | 123 | 155 | 35 |
| 河南 | HENAN | 242 | 2 | 9 | 89 | 139 | 3 |
| 湖北 | HUBEI | 460 | 2 | 9 | 97 | 278 | 74 |
| 湖南 | HUNAN | 166 | 3 | 6 | 46 | 94 | 17 |
| 广东 | GUANGDONG | 640 | 24 | 64 | 261 | 265 | 26 |
| 广西 | GUANGXI | 246 | 4 | 11 | 67 | 133 | 31 |
| 海南 | HAINAN | 157 | 5 | 21 | 83 | 42 | 6 |
| 重庆 | CHONGQING | 69 | 2 | 7 | 29 | 30 | 1 |
| 四川 | SICHUAN | 204 | 3 | 3 | 69 | 107 | 22 |
| 贵州 | GUIZHOU | 58 | 0 | 3 | 9 | 29 | 17 |
| 云南 | YUNNAN | 431 | 5 | 20 | 67 | 250 | 89 |
| 西藏 | TIBET | 12 | 0 | 0 | 4 | 3 | 51 |
| 陕西 | SHAANXI | 141 | 4 | 8 | 49 | 70 | 10 |
| 甘肃 | GANSU | 97 | 0 | 4 | 28 | 55 | 10 |
| 青海 | QINGHAI | 29 | 0 | 3 | 5 | 16 | 5 |
| 宁夏 | NINGXIA | 29 | 0 | 2 | 16 | 9 | 2 |
| 新疆 | XINJIANG | 173 | 3 | 9 | 41 | 103 | 17 |

# 6-6 2001年主要城市星级饭店基本经济指标

## MAJOR STATISTICS OF STAR-RATED HOTELS IN EACH CITY 2001

单 位:万元

UNIT:0000 RMB¥

| 城市名称 NAME OF CITY | | 营业收入 TOTAL REVENUE | #客房收入 ROOM | #餐饮收入 FOOD & BEVERAGE |
|---|---|---|---|---|
| 北　　京 | BEIJING | 1 212 648 | 564 750 | 326 804 |
| 天　　津 | TIANJIN | 107 192 | 52 205 | 34 268 |
| 石 家 庄 | SHIJIAZHUANG | 61 460 | 29 650 | 26 289 |
| 秦 皇 岛 | QINHUANGDAO | 38 924 | 23 189 | 12 890 |
| 承　　德 | CHENGDE | 13 400 | 6 272 | 5 816 |
| 太　　原 | TAIYUAN | 46 606 | 22 028 | 17 808 |
| 大　　同 | DATONG | 9 859 | 3 580 | 5 647 |
| 呼和浩特 | HOHHOT | 24 873 | 11 729 | 10 589 |
| 沈　　阳 | SHENYANG | 103 933 | 55 488 | 37 497 |
| 大　　连 | DALIAN | 131 420 | 65 948 | 44 902 |
| 长　　春 | CHANGCHUN | 38 349 | 19 559 | 14 542 |
| 吉　　林 | JILIN | 11 608 | 5 868 | 4 868 |
| 延　　边 | YANBIAN | 13 940 | 7 051 | 5 365 |
| 哈 尔 滨 | HARBIN | 82 089 | 38 629 | 24 372 |
| 上　　海 | SHANGHAI | 867 912 | 447 482 | 288 299 |
| 南　　京 | NANJING | 203 701 | 59 946 | 68 720 |
| 无　　锡 | WUXI | 102 611 | 38 709 | 52 888 |
| 苏　　州 | SUZHOU | 124 512 | 57 003 | 55 500 |
| 南　　通 | NANTONG | 31 823 | 13 593 | 15 602 |
| 连 云 港 | LIANYUNGANG | 3 836 | 1 696 | 1 954 |
| 杭　　州 | HANGZHOU | 357 501 | 119 235 | 91 364 |
| 宁　　波 | NINGBO | 114 915 | 49 419 | 49 918 |
| 温　　州 | WENZHOU | 61 359 | 30 520 | 26 297 |
| 合　　肥 | HEFEI | 31 572 | 16 363 | 11 424 |
| 黄　　山 | HUANGSHAN | 19 018 | 11 375 | 6 024 |
| 福　　州 | FUZHOU | 61 574 | 29 972 | 21 853 |
| 厦　　门 | XIAMEN | 10 287 | 5 316 | 2 835 |
| 泉　　州 | QUANZHOU | 55 549 | 21 271 | 25 940 |
| 漳　　州 | ZHANGZHOU | 3 982 | 2 110 | 1 423 |
| 南　　昌 | NANCHANG | 28 103 | 18 182 | 6 926 |

6－6(续1)

| 城市名称 NAME OF CITY | | 营业收入 TOTAL REVENUE | #客房收入 ROOM | #餐饮收入 FOOD & BEVERAGE |
|---|---|---|---|---|
| 九　　江 | JIUJIANG | 6 615 | 4 041 | 1 980 |
| 济　　南 | JINAN | 68 327 | 28 416 | 31 130 |
| 青　　岛 | QINGDAO | 99 590 | 47 666 | 41 055 |
| 烟　　台 | YANTAI | 30 309 | 12 378 | 14 548 |
| 威　　海 | WEIHAI | 29 657 | 10 000 | 14 342 |
| 郑　　州 | ZHENGZHOU | — | — | — |
| 洛　　阳 | LUOYANG | 13 832 | 6 358 | 6 405 |
| 武　　汉 | WUHAN | 47 885 | 26 239 | 17 295 |
| 长　　沙 | CHANGSHA | 48 617 | 19 618 | 24 431 |
| 广　　州 | GUANGZHOU | 524 979 | 208 298 | 202 815 |
| 深　　圳 | SHENZHEN | 357 215 | 170 082 | 140 859 |
| 珠　　海 | ZHUHAI | 80 308 | 42 634 | 26 486 |
| 汕　　头 | SHANTOU | 4 572 | 2 172 | 2 176 |
| 湛　　江 | ZHANJIANG | 20 243 | 8 554 | 10 520 |
| 中　　山 | ZHONGSHAN | 48 456 | 15 517 | 23 805 |
| 南　　宁 | NANNING | 49 727 | 22 162 | 20 717 |
| 桂　　林 | GUILIN | 54 055 | 31 801 | 18 517 |
| 北　　海 | BEIHAI | 14 907 | 8 043 | 5 253 |
| 海　　口 | HAIKOU | 54 715 | 30 673 | 15 461 |
| 三　　亚 | SANYA | 23 685 | 15 481 | 6 559 |
| 重　　庆 | CHONGQING | 89 937 | 41 155 | 35 856 |
| 成　　都 | CHENGDU | 78 683 | 44 328 | 23 231 |
| 贵　　阳 | GUIYANG | 23 173 | 10 726 | 7 993 |
| 昆　　明 | KUNMING | 84 737 | 39 458 | 30 668 |
| 拉　　萨 | LHASA | 4 531 | 2 406 | 1 445 |
| 西　　安 | XI'AN | 86 871 | 51 555 | 26 078 |
| 兰　　州 | LANZHOU | 33 897 | 16 403 | 10 394 |
| 西　　宁 | XINING | 12 315 | 6 932 | 3 768 |
| 银　　川 | YINCHUAN | 17 898 | 6 909 | 8 192 |
| 乌鲁木齐 | URUMQI | 75 144 | 36 103 | 30 234 |

# 6-7 2001年全国星级
## MAJOR STATISTICS IN

| 地方/项目<br>LOCALITY/ITEM | | 全员劳动生产率（万元/人）<br>OLP(0000 RMB¥/PER) | 人均占用固定资产原值（万元/人）<br>AF(0000 RMB¥/PER) | 百元固定资产创营业收入（元）<br>REVENUE/100F.A (RMB¥) | 平均客房出租率（%）<br>OCCUPANCY (%) |
|---|---|---|---|---|---|
| **总　计** | **TOTAL** | **7.26** | **20.47** | **35.44** | **58.45** |
| 北　京 | BEIJING | 9.79 | 27.57 | 35.52 | 62.21 |
| 天　津 | TIANJIN | 7.02 | 21.84 | 32.17 | 47.52 |
| 河　北 | HEBEI | 6.78 | 12.88 | 52.65 | 33.34 |
| 山　西 | SHANXI | 3.31 | 8.67 | 38.22 | 51.35 |
| 内蒙古 | INNER MONGOLIA | 4.60 | 12.86 | 35.77 | 57.32 |
| 辽　宁 | LIAONING | 7.02 | 31.44 | 22.33 | 57.46 |
| 吉　林 | JILIN | 3.46 | 17.34 | 19.93 | 57.05 |
| 黑龙江 | HEILONGJIANG | 7.53 | 28.35 | 26.56 | 32.43 |
| 上　海 | SHANGHAI | 12.09 | 30.08 | 40.18 | 67.47 |
| 江　苏 | JIANGSU | 7.71 | 20.89 | 36.92 | 59.31 |
| 浙　江 | ZHEJIANG | 9.42 | 20.43 | 46.10 | 66.23 |
| 安　徽 | ANHUI | 3.49 | 8.09 | 43.14 | 55.14 |
| 福　建 | FUJIAN | 4.80 | 14.07 | 34.12 | 48.77 |
| 江　西 | JIANGXI | 6.74 | 29.38 | 22.95 | 43.92 |
| 山　东 | SHANDONG | 5.80 | 19.82 | 29.28 | 56.45 |
| 河　南 | HENAN | 4.66 | 12.87 | 36.25 | 58.21 |
| 湖　北 | HUBEI | 4.95 | 15.47 | 31.99 | 60.48 |
| 湖　南 | HUNAN | 3.33 | 11.11 | 30.00 | 59.23 |
| 广　东 | GUANGDONG | 10.64 | 19.65 | 54.16 | 62.45 |
| 广　西 | GUANGXI | 4.76 | 17.26 | 27.56 | 57.55 |
| 海　南 | HAINAN | 5.03 | 28.27 | 17.79 | 60.42 |
| 重　庆 | CHONGQING | 6.20 | 22.13 | 27.99 | 57.34 |
| 四　川 | SICHUAN | 4.41 | 19.77 | 22.29 | 53.54 |
| 贵　州 | GUIZHOU | 5.67 | 14.70 | 38.60 | 59.94 |
| 云　南 | YUNNAN | 4.18 | 21.96 | 19.02 | 54.69 |
| 西　藏 | TIBET | 5.65 | 27.02 | 20.93 | 31.92 |
| 陕　西 | SHAANXI | 6.52 | 22.17 | 29.41 | 54.70 |
| 甘　肃 | GANSU | 4.65 | 15.96 | 29.16 | 49.02 |
| 青　海 | QINGHAI | 4.89 | 10.39 | 47.05 | 59.60 |
| 宁　夏 | NINGXIA | 4.36 | 15.29 | 28.51 | 54.95 |
| 新　疆 | XINJIANG | 4.92 | 13.00 | 37.86 | 50.80 |

# 饭店主要经济指标

## STAR - RATED HOTELS 2001

| 营业收入总额 (万元) TOTAL REVENUE (0000RMB¥) | 营业收入构成(%) BREAKDOWN OF TOTAL REVENUE | | | |
|---|---|---|---|---|
| | 客 房 ROOM | 餐 饮 FOOD & BEVERAGE | 商 品 SHOPPING | 其 他 OTHERS |
| **7 633 231.98** | **45.19** | **37.20** | **5.96** | **11.65** |
| 1 212 647.82 | 46.57 | 26.95 | 10.38 | 16.10 |
| 107 192.20 | 48.70 | 31.97 | 5.36 | 13.96 |
| 193 415.69 | 47.21 | 43.33 | 3.46 | 6.00 |
| 98 044.60 | 43.09 | 44.81 | 2.69 | 9.41 |
| 59 696.27 | 47.66 | 40.73 | 5.44 | 6.18 |
| 287 790.58 | 50.42 | 36.53 | 2.63 | 10.42 |
| 75 324.46 | 50.07 | 40.04 | 2.01 | 7.89 |
| 104 919.76 | 48.39 | 32.23 | 1.47 | 17.92 |
| 867 911.91 | 51.56 | 33.22 | 3.00 | 12.22 |
| 605 798.85 | 37.30 | 43.13 | 8.40 | 11.16 |
| 814 123.94 | 37.48 | 37.99 | 17.36 | 7.17 |
| 108 559.21 | 49.83 | 40.08 | 4.30 | 5.79 |
| 171 843.34 | 45.50 | 40.64 | 1.37 | 12.49 |
| 66 010.07 | 57.03 | 32.40 | 0.96 | 9.61 |
| 354 078.63 | 40.40 | 47.06 | 4.75 | 7.79 |
| 86 295.19 | 40.38 | 50.81 | 2.27 | 6.54 |
| 169 450.92 | 46.82 | 42.80 | 3.35 | 7.03 |
| 104 686.70 | 42.45 | 47.48 | 1.35 | 8.72 |
| 1 173 614.93 | 42.18 | 40.97 | 1.62 | 15.22 |
| 170 537.22 | 50.03 | 40.46 | 2.37 | 7.14 |
| 100 595.28 | 60.40 | 28.19 | 1.39 | 10.02 |
| 89 937.43 | 45.76 | 39.87 | 1.46 | 12.91 |
| 145 543.76 | 49.00 | 35.78 | 2.71 | 12.51 |
| 34 626.35 | 40.51 | 35.11 | 12.88 | 11.50 |
| 108 649.09 | 47.84 | 35.00 | 5.03 | 12.13 |
| 8 147.00 | 56.66 | 29.42 | 1.13 | 12.79 |
| 116 496.05 | 56.22 | 32.92 | 3.16 | 7.70 |
| 59 161.71 | 50.17 | 32.57 | 3.76 | 13.50 |
| 14 898.27 | 54.60 | 31.67 | 5.92 | 7.81 |
| 21 971.82 | 38.82 | 46.70 | 1.86 | 12.62 |
| 101 262.93 | 50.09 | 39.42 | 1.02 | 9.47 |

# 6－8　2001 年全国国有星级

## MAJOR STATISTICS IN

| 地方/项目 LOCALITY/ITEM | 全员劳动生产率（万元/人）OLP(0000 RMB¥/PER) | 人均占用固定资产原值（万元/人）AF(0000 RMB¥/PER) | 百元固定资产创营业收入（元）REVENUE/100F.A (RMB¥) | 平均客房出租率（%）OCCUPANCY (%) |
|---|---|---|---|---|
| **总　计　TOTAL** | **5.78** | **16.77** | **34.49** | **55.13** |
| 北　京　BEIJING | 6.52 | 22.68 | 28.75 | 57.55 |
| 天　津　TIANJIN | 5.28 | 15.76 | 33.48 | 48.22 |
| 河　北　HEBEI | 6.83 | 13.43 | 50.88 | 33.38 |
| 山　西　SHANXI | 3.62 | 9.22 | 39.29 | 52.31 |
| 内蒙古　INNER MONGOLIA | 4.53 | 12.64 | 35.85 | 57.50 |
| 辽　宁　LIAONING | 4.79 | 19.36 | 24.71 | 53.84 |
| 吉　林　JILIN | 2.75 | 11.55 | 23.82 | 57.78 |
| 黑龙江　HEILONGJIANG | 4.79 | 9.28 | 51.56 | 14.93 |
| 上　海　SHANGHAI | 9.84 | 25.32 | 38.85 | 67.69 |
| 江　苏　JIANGSU | 7.37 | 19.46 | 37.85 | 56.82 |
| 浙　江　ZHEJIANG | 7.85 | 19.63 | 40.01 | 64.67 |
| 安　徽　ANHUI | 3.51 | 6.94 | 50.56 | 51.39 |
| 福　建　FUJIAN | 4.34 | 11.80 | 36.77 | 41.58 |
| 江　西　JIANGXI | 6.46 | 30.43 | 21.22 | 43.92 |
| 山　东　SHANDONG | 5.19 | 16.55 | 31.36 | 55.39 |
| 河　南　HENAN | 4.93 | 12.86 | 38.33 | 57.65 |
| 湖　北　HUBEI | 4.83 | 15.90 | 30.37 | 52.46 |
| 湖　南　HUNAN | 2.73 | 11.20 | 24.36 | 58.18 |
| 广　东　GUANGDONG | 8.78 | 14.32 | 61.34 | 59.91 |
| 广　西　GUANGXI | 3.71 | 13.92 | 26.65 | 54.39 |
| 海　南　HAINAN | 4.71 | 25.61 | 18.39 | 63.84 |
| 重　庆　CHONGQING | 5.50 | 18.62 | 29.55 | 61.95 |
| 四　川　SICHUAN | 4.28 | 18.71 | 22.87 | 52.44 |
| 贵　州　GUIZHOU | 6.20 | 16.34 | 37.94 | 60.77 |
| 云　南　YUNNAN | 4.13 | 20.12 | 20.52 | 53.37 |
| 西　藏　TIBET | 5.91 | 25.11 | 23.52 | 42.12 |
| 陕　西　SHAANXI | 4.79 | 16.48 | 29.09 | 55.09 |
| 甘　肃　GANSU | 4.54 | 13.67 | 33.24 | 49.98 |
| 青　海　QINGHAI | 4.91 | 10.42 | 47.09 | 59.67 |
| 宁　夏　NINGXIA | 4.36 | 15.29 | 28.51 | 54.95 |
| 新　疆　XINJIANG | 4.40 | 10.67 | 41.26 | 51.22 |

# 饭店主要经济指标

## STATE－OWNED STAR－RATED HOTELS 2001

| 营业收入总额（万元）TOTAL REVENUE（0000RMB¥） | 营业收入构成（%）BREAKDOWN OF TOTAL REVENUE | | | |
|---|---|---|---|---|
| | 客房 ROOM | 餐饮 FOOD & BEVERAGE | 商品 SHOPPING | 其他 OTHERS |
| **3 169 792.84** | **45.80** | **38.75** | **4.01** | **11.44** |
| 378 767.62 | 49.03 | 30.69 | 2.39 | 17.89 |
| 34 034.17 | 50.01 | 33.21 | 6.09 | 10.68 |
| 184 860.65 | 47.64 | 42.66 | 3.58 | 6.12 |
| 62 807.33 | 45.41 | 44.30 | 2.62 | 7.67 |
| 56 367.06 | 49.11 | 41.50 | 3.01 | 6.37 |
| 93 849.60 | 54.48 | 37.68 | 0.61 | 7.24 |
| 48 868.67 | 49.74 | 42.27 | 2.47 | 5.53 |
| 18 714.74 | 58.03 | 37.44 | 1.07 | 3.46 |
| 333 878.46 | 48.80 | 32.56 | 4.00 | 14.65 |
| 354 071.34 | 34.51 | 41.92 | 9.85 | 13.72 |
| 182 742.03 | 45.67 | 42.93 | 5.54 | 5.86 |
| 62 647.82 | 48.12 | 40.71 | 5.08 | 6.09 |
| 53 869.92 | 47.50 | 37.20 | 1.26 | 14.04 |
| 56 436.28 | 53.07 | 35.56 | 1.13 | 10.25 |
| 196 745.69 | 38.03 | 49.96 | 5.12 | 6.89 |
| 56 908.32 | 40.38 | 52.21 | 2.80 | 4.61 |
| 121 343.73 | 47.32 | 42.66 | 3.66 | 6.37 |
| 52 185.31 | 48.37 | 40.57 | 1.94 | 9.12 |
| 332 805.07 | 43.80 | 38.79 | 1.79 | 15.60 |
| 68 766.19 | 46.58 | 42.23 | 2.61 | 8.58 |
| 18 434.55 | 67.12 | 23.83 | 0.77 | 8.28 |
| 30 331.65 | 48.94 | 32.24 | 1.50 | 17.32 |
| 83 158.60 | 48.22 | 36.28 | 3.67 | 11.83 |
| 24 714.01 | 35.02 | 34.09 | 16.72 | 14.18 |
| 42 901.30 | 50.97 | 34.40 | 3.31 | 11.32 |
| 4 547.00 | 54.85 | 28.35 | 1.08 | 15.72 |
| 59 166.87 | 51.61 | 34.29 | 4.66 | 9.44 |
| 53 709.52 | 50.15 | 31.72 | 4.07 | 14.06 |
| 14 371.27 | 55.18 | 30.59 | 6.14 | 8.09 |
| 21 971.82 | 38.82 | 46.70 | 1.86 | 12.62 |
| 65 816.25 | 48.11 | 40.36 | 1.34 | 10.19 |

# 七、旅行社基本情况

# 7. STATISTICS OF TRAVEL AGENCIES

# 7-1 2000～2001年全国旅行社单位数
## NUMBER OF TRAVEL AGENCIES 2000-2001

单　位:家
UNIT:NUMBER

| 地　区<br>LOCALITY | | 旅行社总数<br>TOTAL TRAVEL AGENCIES | | 国际旅行社<br>INTERNATIONAL TRAVEL AGENCIES | | 国内旅行社<br>DOMESTIC TRAVEL AGENCIES | |
|---|---|---|---|---|---|---|---|
| | | 2001年<br>2001 | 2000年<br>2000 | 2001年<br>2001 | 2000年<br>2000 | 2001年<br>2001 | 2000年<br>2000 |
| **总　计** | **TOTAL** | **10 532** | **8 993** | **1 310** | **1 268** | **9 222** | **7 725** |
| 北　京 | BEIJING | 480 | 452 | 159 | 155 | 321 | 297 |
| 天　津 | TIANJIN | 204 | 196 | 19 | 19 | 185 | 177 |
| 河　北 | HEBEI | 463 | 384 | 28 | 34 | 435 | 350 |
| 山　西 | SHANXI | 264 | 198 | 23 | 16 | 241 | 182 |
| 内蒙古 | INNER MONGOLIA | 127 | 91 | 29 | 25 | 98 | 66 |
| 辽　宁 | LIAONING | 545 | 504 | 57 | 49 | 488 | 455 |
| 吉　林 | JILIN | 153 | 116 | 34 | 35 | 119 | 81 |
| 黑龙江 | HEILONGJIANG | 341 | 323 | 60 | 51 | 281 | 272 |
| 上　海 | SHANGHAI | 548 | 478 | 40 | 40 | 508 | 438 |
| 江　苏 | JIANGSU | 772 | 636 | 67 | 69 | 705 | 567 |
| 浙　江 | ZHEJIANG | 637 | 540 | 45 | 46 | 592 | 494 |
| 安　徽 | ANHUI | 374 | 333 | 36 | 36 | 338 | 297 |
| 福　建 | FUJIAN | 384 | 338 | 37 | 36 | 347 | 302 |
| 江　西 | JIANGXI | 292 | 224 | 19 | 19 | 273 | 205 |
| 山　东 | SHANDONG | 961 | 667 | 52 | 50 | 909 | 617 |
| 河　南 | HENAN | 458 | 430 | 27 | 28 | 431 | 402 |
| 湖　北 | HUBEI | 320 | 294 | 29 | 28 | 291 | 266 |
| 湖　南 | HUNAN | 308 | 245 | 32 | 29 | 276 | 216 |
| 广　东 | GUANGDONG | 579 | 498 | 180 | 174 | 399 | 324 |
| 广　西 | GUANGXI | 292 | 260 | 51 | 49 | 241 | 211 |
| 海　南 | HAINAN | 152 | 152 | 37 | 39 | 115 | 113 |
| 重　庆 | CHONGQING | 200 | 190 | 23 | 20 | 177 | 170 |
| 四　川 | SICHUAN | 417 | 384 | 46 | 41 | 371 | 343 |
| 贵　州 | GUIZHOU | 112 | 107 | 13 | 13 | 99 | 94 |
| 云　南 | YUNNAN | 406 | 369 | 39 | 41 | 367 | 328 |
| 西　藏 | TIBET | 35 | 34 | 19 | 19 | 16 | 15 |
| 陕　西 | SHAANXI | 264 | 234 | 31 | 31 | 233 | 203 |
| 甘　肃 | GANSU | 131 | 94 | 22 | 20 | 109 | 74 |
| 青　海 | QINGHAI | 72 | 62 | 11 | 9 | 61 | 53 |
| 宁　夏 | NINGXIA | 43 | 29 | 7 | 8 | 36 | 21 |
| 新　疆 | XINJIANG | 198 | 131 | 38 | 39 | 160 | 92 |

# 7－2　2001年旅行社外联、接待入境旅游者情况(按地区分)

## INTERNATIONAL TOURISTS LIAISED AND RECEIVED BY TRAVEL AGENCIES 2001

单位:人、人天

UNIT: PERSON、NIGHT

| 地　区 LOCALITY | 外　联 LIAISED | | 接　待 RECEIVED | |
|---|---|---|---|---|
| | 人　数 PERSONS | 人天数 NIGHTS | 人　数 PERSONS | 人天数 NIGHTS |
| **总　计　TOTAL** | **7 834 445** | **31 368 160** | **14 536 439** | **32 758 432** |
| 北　京　BEIJING | 1 990 290 | 9 644 776 | 2 086 138 | 6 799 458 |
| 天　津　TIANJIN | 52 806 | 285 636 | 69 634 | 274 555 |
| 河　北　HEBEI | 41 566 | 197 918 | 126 438 | 438 260 |
| 山　西　SHANXI | 15 911 | 97 688 | 77 463 | 262 312 |
| 内蒙古　INNER MONGOLIA | 73 681 | 160 980 | 94 616 | 218 519 |
| 辽　宁　LIAONING | 139 479 | 431 364 | 338 289 | 713 950 |
| 吉　林　JILIN | 19 993 | 110 195 | 70 657 | 137 098 |
| 黑龙江　HEILONGJIANG | 192 833 | 422 703 | 159 713 | 266 395 |
| 上　海　SHANGHAI | 407 839 | 1 759 062 | 1 592 965 | 2 129 542 |
| 江　苏　JIANGSU | 344 301 | 1 806 755 | 1 321 543 | 1 781 009 |
| 浙　江　ZHEJIANG | 351 803 | 1 986 668 | 706 857 | 1 383 666 |
| 安　徽　ANHUI | 26 082 | 162 999 | 91 915 | 215 471 |
| 福　建　FUJIAN | 173 058 | 860 616 | 201 250 | 344 760 |
| 江　西　JIANGXI | 14 531 | 68 303 | 35 774 | 98 470 |
| 山　东　SHANDONG | 113 760 | 698 924 | 175 842 | 606 771 |
| 河　南　HENAN | 46 714 | 288 038 | 246 303 | 496 716 |
| 湖　北　HUBEI | 52 861 | 248 204 | 407 205 | 546 993 |
| 湖　南　HUNAN | 46 229 | 207 938 | 139 941 | 489 774 |
| 广　东　GUANGDONG | 2 567 293 | 6 243 623 | 3 595 201 | 6 671 988 |
| 广　西　GUANGXI | 225 035 | 952 117 | 540 081 | 1 565 598 |
| 海　南　HAINAN | 225 175 | 836 354 | 368 977 | 1 182 235 |
| 重　庆　CHONGQING | 166 815 | 964 279 | 687 554 | 1 413 936 |
| 四　川　SICHUAN | 155 842 | 792 439 | 220 889 | 1 090 834 |
| 贵　州　GUIZHOU | 31 305 | 160 121 | 47 863 | 160 104 |
| 云　南　YUNNAN | 133 698 | 533 825 | 366 252 | 1 123 496 |
| 西　藏　TIBET | 22 994 | 310 502 | 37 162 | 417 560 |
| 陕　西　SHAANXI | 120 123 | 694 711 | 518 576 | 1 207 038 |
| 甘　肃　GANSU | 26 884 | 178 632 | 56 843 | 156 416 |
| 青　海　QINGHAI | 2 068 | 12 538 | 16 098 | 52 817 |
| 宁　夏　NINGXIA | 180 | 1 943 | 4 270 | 16 285 |
| 新　疆　XINJIANG | 53 296 | 248 309 | 134 130 | 496 406 |

# 7-3 2001年旅行社组团、接待国内旅游者情况(按地区分)

## DOMESTIC TOURISTS ORGANIZED AND RECEIVED BY TRAVEL AGENCIES 2001

单位:人、人天

UNIT: PERSON、NIGHT

| 地 区<br>LOCALITY | | 组 团<br>ORGANIZED | | 接 待<br>RECEIVED | |
|---|---|---|---|---|---|
| | | 人 数<br>PERSONS | 人天数<br>NIGHTS | 人 数<br>PERSONS | 人天数<br>NIGHTS |
| **总 计** | **TOTAL** | **35 161 720** | **94 618 729** | **58 943 883** | **102 664 739** |
| 北 京 | BEIJING | 1 850 107 | 7 054 695 | 2 142 421 | 6 389 010 |
| 天 津 | TIANJIN | 1 247 168 | 2 592 116 | 285 963 | 521 672 |
| 河 北 | HEBEI | 963 596 | 3 193 360 | 751 621 | 1 208 854 |
| 山 西 | SHANXI | 435 265 | 1 844 261 | 898 208 | 2 674 966 |
| 内蒙古 | INNER MONGOLIA | 109 612 | 592 744 | 384 825 | 678 663 |
| 辽 宁 | LIAONING | 807 826 | 2 693 670 | 1 293 813 | 2 772 506 |
| 吉 林 | JILIN | 103 157 | 945 167 | 121 794 | 184 274 |
| 黑龙江 | HEILONGJIANG | 216 136 | 1 067 616 | 273 153 | 701 552 |
| 上 海 | SHANGHAI | 3 799 396 | 8 831 943 | 5 084 315 | 6 945 603 |
| 江 苏 | JIANGSU | 3 249 112 | 8 824 798 | 8 723 794 | 8 322 018 |
| 浙 江 | ZHEJIANG | 2 731 401 | 8 497 938 | 4 788 565 | 8 632 596 |
| 安 徽 | ANHUI | 790 629 | 2 034 920 | 1 468 216 | 2 989 661 |
| 福 建 | FUJIAN | 758 954 | 2 513 689 | 2 099 236 | 2 980 641 |
| 江 西 | JIANGXI | 258 563 | 1 169 986 | 766 276 | 1 999 504 |
| 山 东 | SHANDONG | 867 434 | 3 587 090 | 2 511 203 | 6 074 289 |
| 河 南 | HENAN | 5 268 625 | 2 969 866 | 790 135 | 1 667 248 |
| 湖 北 | HUBEI | 736 405 | 2 887 103 | 1 262 736 | 1 809 495 |
| 湖 南 | HUNAN | 474 798 | 2 387 111 | 1 131 361 | 3 603 655 |
| 广 东 | GUANGDONG | 6 092 066 | 16 437 891 | 12 681 168 | 15 291 734 |
| 广 西 | GUANGXI | 1 281 301 | 1 901 807 | 1 945 544 | 3 832 142 |
| 海 南 | HAINAN | 167 103 | 559 027 | 1 22 404 | 4 388 943 |
| 重 庆 | CHONGQING | 635 410 | 2 195 515 | 1 747 098 | 2 789 184 |
| 四 川 | SICHUAN | 928 697 | 3 705 287 | 2 158 208 | 6 060 614 |
| 贵 州 | GUIZHOU | 130 315 | 434 698 | 212 709 | 454 570 |
| 云 南 | YUNNAN | 583 050 | 2 264 801 | 2 808 952 | 6 436 407 |
| 西 藏 | TIBET | 12 088 | 57 561 | 15 012 | 68 352 |
| 陕 西 | SHAANXI | 364 247 | 1 878 155 | 625 904 | 1 776 527 |
| 甘 肃 | GANSU | 111 702 | 748 693 | 232 743 | 450 625 |
| 青 海 | QINGHAI | 21 010 | 91 057 | 209 592 | 216 732 |
| 宁 夏 | NINGXIA | 31 647 | 242 040 | 67 817 | 162 260 |
| 新 疆 | XINJIANG | 134 900 | 414 124 | 239 097 | 580 442 |

# 7－4　2001年旅行社主要经济指标(按地区分)

## MAJOR STATISTICS OF TRAVEL AGENCIES BY LOCALITY 2001

单位:万元

UNIT: TEN THOUS. RMB¥

| 地　区<br>LOCALITY | 营业收入<br>TOTAL REVENUE | 上缴税金<br>TAX | 资产总额<br>FIXED ASSETS |
|---|---|---|---|
| **总　计　TOTAL** | **5 897 960.98** | **76 330.42** | **4 154 702.08** |
| 北　京　BEIJING | 1 021 800.28 | 16 814.19 | 758 965.86 |
| 天　津　TIANJIN | 68 444.16 | 544.99 | 40 907.57 |
| 河　北　HEBEI | 66 067.25 | 747.31 | 33 889.93 |
| 山　西　SHANXI | 55 410.20 | 360.14 | 32 378.91 |
| 内蒙古　INNER MONGOLIA | 20 656.36 | 470.73 | 19 267.00 |
| 辽　宁　LIAONING | 120 199.57 | 1 720.78 | 66 970.83 |
| 吉　林　JILIN | 28 507.25 | 312.01 | 20 550.26 |
| 黑龙江　HEILONGJIANG | 67 678.81 | 2 118.90 | 55 224.08 |
| 上　海　SHANGHAI | 573 590.28 | 5 865.44 | 326 779.20 |
| 江　苏　JIANGSU | 459 225.94 | 5 606.34 | 202 042.73 |
| 浙　江　ZHEJIANG | 354 308.36 | 3 903.48 | 147 421.10 |
| 安　徽　ANHUI | 77 704.50 | 1 123.30 | 316 543.46 |
| 福　建　FUJIAN | 231 515.91 | 2 217.67 | 198 530.31 |
| 江　西　JIANGXI | 46 574.25 | 271.85 | 21 865.59 |
| 山　东　SHANDONG | 190 371.76 | 1 239.80 | 131 086.18 |
| 河　南　HENAN | 91 049.48 | 882.49 | 81 627.14 |
| 湖　北　HUBEI | 86 643.88 | 1 709.29 | 99 126.77 |
| 湖　南　HUNAN | 108 783.84 | 597.56 | 31 471.21 |
| 广　东　GUANGDONG | 1 181 178.37 | 18 345.30 | 896 216.77 |
| 广　西　GUANGXI | 164 927.38 | 1 507.60 | 86 143.79 |
| 海　南　HAINAN | 118 119.72 | 638.26 | 58 640.72 |
| 重　庆　CHONGQING | 126 487.20 | 1 613.39 | 81 956.30 |
| 四　川　SICHUAN | 145 691.97 | 2 239.62 | 115 160.67 |
| 贵　州　GUIZHOU | 27 971.71 | 152.87 | 32 222.85 |
| 云　南　YUNNAN | 219 193.20 | 2 580.96 | 116 728.87 |
| 西　藏　TIBET | 13 512.63 | 188.34 | 20 172.84 |
| 陕　西　SHAANXI | 132 032.65 | 1 238.13 | 81 142.29 |
| 甘　肃　GANSU | 31 596.45 | 354.11 | 28 907.26 |
| 青　海　QINGHAI | 7 317.69 | 74.97 | 12 260.45 |
| 宁　夏　NINGXIA | 7 767.52 | 46.97 | 3 143.25 |
| 新　疆　XINJIANG | 53 632.41 | 843.63 | 37 357.89 |

# 八、旅游企事业基本情况

# 8. STATISTICS OF TOURISM ENTERPRISES

# 8－1　2001年旅游业从业人员基本情况

# BREAKDOWN EMPLOYEES OF TOURISM INDUSTRY 2001

单　位:人

UNIT:PERSON

| 地　方 LOCALITY | | 合　计 TOTAL | 旅游住宿设施小计 SUB-TOTAL | ACCOMMODATION ESTABLISHMENTS | | | 旅行社 TRAVEL AGENCY | 其　他 OTHERS |
|---|---|---|---|---|---|---|---|---|
| | | | | 星级饭店 STAR-RATED HOTEL | 社会旅馆 COMMUNITY OWNED | 个体旅馆 PRIVATE-OWNED | | |
| **总　计** | **TOTAL** | **5 977 215** | **5 022 811** | **1 052 054** | **3 457 401** | **513 356** | **192 408** | **761 996** |
| 北　京 | BEIJING | 389 311 | 324 090 | 123 843 | 197 470 | 2 777 | 10 924 | 54 297 |
| 天　津 | TIANJIN | 56 725 | 45 902 | 15 259 | 28 920 | 1 723 | 3 346 | 7 477 |
| 河　北 | HEBEI | 228 762 | 223 488 | 28 514 | 149 101 | 45 874 | 5 274 | 2 749 |
| 山　西 | SHANXI | 133 019 | 115 511 | 29 592 | 70 315 | 15 604 | 4 122 | 13 386 |
| 内蒙古 | INNER MONGOLIA | 82 657 | 80 546 | 12 971 | 43 678 | 23 897 | 1 615 | 496 |
| 辽　宁 | LIAONING | 244 845 | 218 586 | 40 982 | 160 831 | 16 773 | 6 198 | 20 061 |
| 吉　林 | JILIN | 100 123 | 92 718 | 21 792 | 56 581 | 14 344 | 2 379 | 5 026 |
| 黑龙江 | HEILONGJIANG | 108 270 | 102 696 | 13 936 | 63 890 | 24 870 | 4 080 | 1 494 |
| 上　海 | SHANGHAI | 185 813 | 148 869 | 71 807 | 74 055 | 3 007 | 9 990 | 26 954 |
| 江　苏 | JIANGSU | 373 960 | 341 253 | 78 535 | 233 845 | 28 872 | 11 692 | 21 015 |
| 浙　江 | ZHEJIANG | 328 136 | 316 720 | 86 460 | 199 291 | 30 969 | 11 416 | － |
| 安　徽 | ANHUI | 198 804 | 166 036 | 31 120 | 86 406 | 48 511 | 4 911 | 27 857 |
| 福　建 | FUJIAN | 173 490 | 162 478 | 35 783 | 114 014 | 12 680 | 7 650 | 3 362 |
| 江　西 | JIANGXI | 112 206 | 108 634 | 9 792 | 80 389 | 18 452 | 3 572 | － |
| 山　东 | SHANDONG | 333 569 | 291 128 | 61 025 | 200 005 | 30 098 | 11 515 | 30 926 |
| 河　南 | HENAN | 271 418 | 259 492 | 18 502 | 219 156 | 21 834 | 6 298 | 5 628 |
| 湖　北 | HUBEI | 348 539 | 332 254 | 34 246 | 282 877 | 15 130 | 7 560 | 8 725 |
| 湖　南 | HUNAN | 182 705 | 169 238 | 31 416 | 103 981 | 33 841 | 5 576 | 7 891 |
| 广　东 | GUANGDONG | 848 600 | 344 443 | 110 284 | 221 312 | 12 847 | 25 420 | 478 737 |
| 广　西 | GUANGXI | 223 562 | 206 634 | 35 846 | 156 291 | 14 497 | 6 373 | 10 555 |
| 海　南 | HAINAN | 90 184 | 85 524 | 20 006 | 62 963 | 2 556 | 4 660 | 1 615 |
| 重　庆 | CHONGQING | 76 513 | 71 432 | 14 517 | 51 473 | 5 441 | 4 142 | 939 |
| 四　川 | SICHUAN | 296 103 | 262 737 | 33 033 | 199 989 | 29 715 | 9 481 | 23 855 |
| 贵　州 | GUIZHOU | 70 924 | 64 359 | 6 104 | 42 520 | 15 736 | 2 012 | 4 553 |
| 云　南 | YUNNAN | 145 178 | 133 882 | 26 014 | 96 379 | 11 489 | 10 241 | 1 055 |
| 西　藏 | TIBET | 8 779 | 8 742 | 1 441 | 7 301 | － | 37 | 610 |
| 陕　西 | SHAANXI | 165 684 | 160 424 | 17 866 | 124 499 | 18 059 | 5 260 | 649 |
| 甘　肃 | GANSU | 70 426 | 68 071 | 12 712 | 50 839 | 4 520 | 2 120 | 235 |
| 青　海 | QINGHAI | 18 352 | 16 959 | 3 048 | 11 761 | 2 150 | 1 122 | 271 |
| 宁　夏 | NINGXIA | 17 078 | 15 458 | 5 041 | 8 648 | 1 770 | 577 | 1 043 |
| 新　疆 | XINJIANG | 87 856 | 84 506 | 20 567 | 58 622 | 5 318 | 2 845 | 505 |

资料来源:国家旅游局,国家统计局

SOURCE:NATIONAL TOURISM ADMINISTRATION OF CHINA, STATE STATISTICAL BUREAU

# 8-2 2001年全国旅游院校基本情况

## MAJOR STATISTICS OF TOURISM SCHOOLS & COLLEGES 2001

| 地区 LOCALITY | 旅游院校数(所) NUMBER OF TOURISM SCHOOLS AND COLLEGES | | | 旅游院校学生数(人) NUMBER OF STUDENTS AT TOURISM SCHOOLS AND COLLEGES | | |
|---|---|---|---|---|---|---|
| | 总计 TOTAL | *高等院校 INSTITUTES OF HIGHER EDUCATION | **中等职业学校 SECONDARY VOCATIONAL SCHOOLS | 总计 TOTAL | *高等院校 INSTITUTES OF HIGHER EDUCATION | **中等职业学校 SECONDARY VOCATIONAL SCHOOLS |
| **总计 TOTAL** | **1 152** | **311** | **841** | **342 793** | **102 245** | **240 548** |
| 北京 BEIJING | 106 | 7 | 99 | 49795 | 5901 | 43894 |
| 天津 TIANJIN | 14 | 4 | 10 | 4430 | 2427 | 2003 |
| 河北 HEIBEI | 29 | 13 | 16 | 11625 | 3253 | 8372 |
| 山西 SHANXI | 5 | 2 | 3 | 2518 | 878 | 1640 |
| 内蒙古 INNER MONGOLIA | 6 | 4 | 2 | 580 | 320 | 260 |
| 辽宁 LIAONING | 71 | 19 | 52 | 24344 | 4843 | 19501 |
| 吉林 JILIN | 14 | 8 | 6 | 2992 | 720 | 2272 |
| 黑龙江 HEILONGJIANG | 35 | 14 | 21 | 8360 | 2760 | 5600 |
| 上海 SHANGHAI | 48 | 22 | 26 | 27272 | 9042 | 18230 |
| 江苏 JIANGSU | 105 | 20 | 85 | 22349 | 6587 | 15762 |
| 浙江 ZHEJIANG | 43 | 8 | 35 | 9369 | 3015 | 6354 |
| 安徽 ANHUI | 21 | 7 | 14 | 5109 | 1773 | 3336 |
| 福建 FUJIAN | 67 | 12 | 55 | 14821 | 2030 | 12791 |
| 江西 JIANGXI | 14 | 7 | 7 | 11669 | 1995 | 9674 |
| 山东 SHANDONG | 65 | 7 | 58 | 14467 | 2852 | 11615 |
| 河南 HENAN | 47 | 28 | 19 | 14824 | 9357 | 5467 |
| 湖北 HUBEI | 41 | 19 | 22 | 19425 | 6719 | 12706 |
| 湖南 HUNAN | 50 | 17 | 33 | 8682 | 3032 | 5650 |
| 广东 GUANGDONG | 51 | 18 | 33 | 7164 | 1796 | 5368 |
| 广西 GUANGXI | 35 | 7 | 28 | 8505 | 3991 | 4514 |
| 海南 HAINAN | 7 | 3 | 4 | 4112 | 1129 | 2983 |
| 四川 SICHUAN | 35 | 10 | 25 | 10482 | 5363 | 5119 |
| 重庆 CHONGQING | 71 | 17 | 54 | 25184 | 13066 | 12118 |
| 贵州 GUIZHOU | 16 | 6 | 10 | 3293 | 877 | 2416 |
| 云南 YUNNAN | 87 | 6 | 81 | 14353 | 2702 | 11651 |
| 西藏 TIBET | 1 | 1 | 0 | 250 | 250 | 0 |
| 陕西 SHAANXI | 18 | 8 | 10 | 9620 | 2420 | 7200 |
| 甘肃 GANSU | 10 | 2 | 8 | 2608 | 1307 | 1301 |
| 青海 QINGHAI | 8 | 4 | 4 | 1403 | 603 | 800 |
| 宁夏 NINGXIA | 6 | 3 | 3 | 1205 | 446 | 759 |
| 新疆 XINJIANG | 26 | 8 | 18 | 1983 | 791 | 1192 |

注：* 高等院校指旅游高等院校及开设旅游系(专业)的普通高等院校和成人高等院校。

** 中等职业学校指旅游中等专业学校、旅游职业高中及开设旅游专业的其他中等专业学校、职业高中和技校。

NOTES: * TOURISM INSTITUTES: TOURISM COLLEGES AND ORDINARY INSTITUTES OF HIGHER EDUCATION WITH TOURISM DEPARTMENTS.

** SECONDARY VOCATIONAL SCHOOLS: SECONDARY TOURISM PROFESSIONAL SCHOOLS, VOCATIONAL TOURISM HIGH SCHOOLS, TOURISM CLASSES AT OTHER SECONDARY PROFESSIONAL SCHOOL, VOCATIONAL HIGH SCHOOL AND TECHNIC SCHOOL.

# 附　　录

# APPENDIX

# 旅游统计基本概念和主要指标解释

1. **游客：** 指任何为休闲、娱乐、观光、度假、探亲访友、就医疗养、购物、参加会议或从事经济、文化、体育、宗教活动，离开常住国（或常住地）到其他国家（或地方），其连续停留时间不超过12个月，并且在其他国家（或其他地方）的主要目的不是通过所从事的活动获取报酬的人。

游客不包括因工作或学习在两地有规律往返的人。

游客按出游地分为国际游客（即入境游客）和国内游客。按出游时间分为旅游者（过夜游客）和一日游游客（不过夜游客）。

2. **常住国：** 指一个人在近一年的大部分时间所居住的国家（或地区）或在这个国家（或地区）只居住了较短的时间，但在12个月内仍将返回的这个国家（或地区）。

3. **常住地：** 指一个常住国的居民，在近一年的大部分时间所居住的城镇或在这个城镇只居住了较短的时期，但在12个月内仍将返回的这个城镇。判定一个游客是国际游客还是国内游客不是根据这个游客的国籍而是根据他的常住国或常住地而定。

4. **入境旅游人数：** 指报告期内来我国观光、度假、探亲访友、就医疗养、购物、参加会议或从事经济、文化、体育、宗教活动的外国人、港澳台同胞等入境游客。统计时，外国人、港澳台同胞每入境一次统计1人次，即入境旅游人数。

入境旅游人数包括入境（过夜）旅游者和入境一日游游客。

5. **入境（过夜）旅游者：** 指入境游客中，在我国旅游住宿设施内至少停留一夜的外国人、华侨、港澳台同胞。

入境（过夜）旅游者不包括下列人员：① 应邀来华访问的政府部长以上官员及其随行人员；② 外国驻华使领馆官员、外交人员以及随行的家庭服务人员和受赡养者；③ 常驻我国一年以上的外国专家、留学生、记者、商务机构人员等；④ 乘坐国际航班过境不需要通过护照检查进入我国口岸的中转旅客；⑤ 边境地区往来的边民；⑥ 回内地（大陆）定居的港澳台同胞；⑦ 已在我国定居的外国人和原已出境又返回在我国定居的外国侨民；⑧ 归国的我国出国人员。

6. **入境一日游游客：** 指入境游客中，未在我国旅游住宿设施内过夜的外国人、华侨、港澳台同胞。入境一日游游客应包括乘坐游船、游艇、火车、汽车来华旅游，在车（船）上过夜的游客和机、车、船上乘务人员，但不包括在境外（内）居住而在境内（外）工作，当天往返的港澳同胞和周边国家的边民。

7. **国内游客：** 指报告期内在国内观光游览、度假、探亲访友、就医疗养、购物、参加会议或从事经济、文化、体育、宗教活动的本国居民，其出游的目的不是通过所从事的活动谋取报酬。统计时，国内游客按每出游一次统计 1 人次。国内游客包括国内(过夜)旅游者和国内一日游游客。

8. **国内(过夜)旅游者：** 指国内居民离开惯常居住地在境内其他地方的旅游住宿设施内至少停留一夜，最长不超过 12 个月的国内游客。国内旅游者应包括在我国境内常住一年以上的外国人、港澳台同胞。但不包括到各地巡视工作的部级以上领导、驻外地办事机构的临时工作人员、调遣的武装人员、到外地学习的学生、到基层锻炼的干部、到境内其他地区定居的人员和无固定居住地的无业游民。

9. **国内一日游游客：** 指国内居民离开惯常居住地 10 公里以上，出游时间超过 6 小时，不足 24 小时，并未在境内其他地方的旅游住宿设施过夜的国内游客。

10. **国籍：** 是指给游客颁发护照(或其他身份文件)的政府所在的国家。

11. **外国人：** 指属外国国籍的人，加入外国国籍的中国血统华人也计入外国人。

12. **港澳台同胞：** 指居住在我国香港特别行政区、澳门特别行政区和台湾省的中国同胞。

13. **职业：** 旅游者在本次旅游前所从事的职业。

14. **出境游客（出境旅游人数）：** 指我国(大陆)公民因公或因私出境前往其他国家或地区观光、度假、探亲访友、就医疗养、购物、参加会议或从事经济、文化、体育、宗教活动的人数(即出境游客)。统计时，出境游客按每出境一次统计 1 人次。出境游客包括出境(过夜)旅游者和出境一日游游客。

15. **出境(过夜)旅游者：** 指我国大陆居民出境旅游，并在境外其他国家或地区的旅游住宿设施至少停留一夜的游客。

16. **出境一日游游客：** 指我国大陆居民出境旅游，在境外停留时间不超过 24 小时，并未在境外其他国家或地区的旅游住宿设施内过夜的游客。

17. **旅游收入：** 游客(入境游客和国内游客)在旅游过程中(由游客或游客的代表为游客)支付的一切旅游支出就是国家(省、区、市)的旅游收入。游客的旅游支出应包括(过夜)旅游者和一日游游客在整个游程中行、游、住、食、购、娱，以及为亲友、家人购买纪念品、礼品等方面的旅游支出，不包括为商业目的购物、购买房、地、车、船等资本性或交易性的投资、馈赠亲友的现金及给公共机构的捐赠。旅游收入包括国际旅游(外汇)收入和国内旅游收入。

18. **国际旅游(外汇)收入：** 入境旅游者在中国(大陆)境内旅行、游览过程中用于交通、参观游览、住宿、餐饮、购物、娱乐等全部花费。

19. **国内旅游收入：** 指国内旅游者在国内旅行、游览过程中用于交通、参观游览、住宿、餐饮、购物、娱乐等全部花费。

20. **团体入境游客(简称“团队”)：** 指参加旅游团(通常采用综合包价、小包价、国际会议、海洋游船、应邀来访及临时组织的旅游团等形式)来中国大陆旅游的入境旅游者及入境一日游游客。

21. **提供单项服务人数：** 指未参加旅游团来中国大陆旅游或仅由旅行社办理委托手续(包括接送、预订饭店、订机(车、船)票、导游等服务项目)，并按零星价格承办而不参加旅行团的入境旅游者及入境一日游游客。

22. **旅行社外联入境游客人数：** 指报告期内旅行社自组外联的入境游客人数，反映旅行社对外招徕的能力。旅行社按以下要求统计外联人数：①国际游客入境后不论其停留时间多少、旅游线路长短，只统计一次；②旅行社只统计本社自主外联团的实到人数，非本社外联，仅由本社接受委托办理签证的人数不包括在内。

23. **旅行社接待入境游客人数：** 指报告期内旅行社实际接待的团队及零散入境旅游者和入境一日游游客人数，以反映旅行社的接待工作量。旅行社接待入境游客的人数，既包括本社外联并接待的团队游客，也包括接受其他旅行社委托接待的团队游客。

24. **旅行社外联入境旅游者人天数：** 指报告期内旅行社外联的每个入境旅游者在境内实际停留的天数之和。仅委托办理有关手续或提供单项服务的零散入境游客不计算人天。外联一日游游客超过6小时的按1人天统计。

25. **旅行社接待入境旅游者人天数：** 指报告期内旅行社接待的每个入境旅游者在本省、市实际停留的天数之和。仅委托办理有关手续或提供单项服务的零散入境游客不计算人天。

26. **国内旅游组团人数(人天数)：** 指报告期内旅行社招徕组织国内团队游客人数(人天数)。组团人数包括国内旅游者人数和国内一日游游客人数。

27. **国内旅游接待人数(人天数)：** 指报告期内旅行社接待国内团队游客人数（人天数)。接待人数(人天数)包括本社组团本社接待和外社组团本社接待的国内游客人数(人天数)。

28. **旅游住宿设施(旅馆业)：** 指任何定期(或临时)为旅游者提供住宿条件的设施。旅游住宿设施包括星级饭店、宾馆、公寓、旅店、招待所、江河及海洋游船、培训中心、疗养院、度假村、假日营地、私人寓所、家庭住宅的出租客房及亲友提供的免费住宿设施等。

29. **星级饭店：** 指已评定星级的饭店。

30. **星级饭店接待人数(人天数)：** 指报告期内旅游者在星级饭店住宿的人数(人天数)。不论其住宿夜数多少，每接待一位旅游者只统计一次人数；一个旅游者住宿几夜，相应计算几个人天数。

31. **客房出租率：** 指报告期内客房实际出租间天数除以报告期内客房可出

租间天数的百分数。其计算公式为：

$$客房出租率(\%)=\frac{\sum 客房实际出租间天数(间天)}{\sum 客房核定出租间天数(间天)}\times 100$$

32. **客房实际平均价格：** 指报告期内旅游饭店(宾馆)、公寓、涉外游船实际出租客房、公寓的平均价格。其计算公式为：

客房实际平均价格(元/间天)=客房收入(元)/客房实际出租间天数(间天)

33. **营业收入：** 指企业各项经营业务的收入。饭店(宾馆)、写字楼、公寓、旅店的营业收入(总额)，包括客房收入、餐饮收入、商品部收入、车队收入、其他收入等；旅行社的营业收入(总额)，包括综合服务收入、组团外联收入、零星服务收入、劳务收入、票务收入、旅游及加项收入、其他收入等；酒楼、餐馆等饮食企业的营业收入包括餐费收入、冷热饮收入、服务收入、其他收入等；从事咨询服务的咨询公司的服务收入，也计入本科目。

旅行社(不论是组团社还是接团社)组织境外旅游者到国内旅游，应以旅行团队离境(或离开本地)时确认营业收入实现；旅行社组织国内旅游者到境外旅游，应以旅行团旅行结束返回时确认营业收入实现；旅行社组织国内旅游者在国内旅游，也应以旅行团旅行结束返回时确认营业收入实现。

旅行社、旅游饭店营业收入不包括本单位直属其他独立核算企业的营业收入。

34. **营业税金及附加(即业务税金及附加)：** 指企业与营业收入有关的，应由各项经营业务负担的税金及附加，包括营业税、城市维护建设税及教育费附加等。饭店(宾馆)、公寓、旅店、酒楼、餐馆等企业应按营业收入的一定比例计算缴纳营业税；旅行社应按营业收入净额(营业收入总额扣除代收代付的房费、餐费、交通费等费用)计算缴纳营业税。

35. **经营利润：** 指企业经营取得的收入，也可理解是一种毛利润，经营利润等于营业收入减去营业成本、营业费用、营业税金及附加。

36. **营业利润：**是利润总额的主要组成部分。指企业经营利润减去管理费用、财务费用后的差额。

37. **利润总额：** 指企业在一定时期内实现的盈亏总额，反映企业最终的财务成果。计算公式为：

利润总额=营业利润+补贴收入+投资收益+营业外收入-营业外支出

该指标如小于零，表示亏损。

38. **固定资产原价：** 指企业在建造、购置、安装、改建、扩建、技术改造某项固定资产时所支出的全部货币总额。

39. **固定资产净值：** 指企业固定资产原价扣除累计折旧后的余额。

40. **年末从业人员：** 指年度末由企业支付工资的各类职工(包括正式职工、合同制职工、临时工、计划外用工等)的人数。

41. **企业登记注册类型：** 以企业在工商部门登记注册时的企业类型为依

据,按国家统计局与国家工商行政管理局联合制定的《关于划分企业登记注册类型的规定》分为:内资企业、港澳台商投资企业、外商投资企业。内资企业包括:国有企业、集体企业、股份合作企业、有限责任公司、股份有限公司、私营企业和其他企业。港澳台商投资企业包括:合资经营企业、合作经营企业、港澳台商独资企业和港澳台商投资股份有限公司。外商投资企业包括:中外合资经营企业、中外合作经营企业、外资(独资)企业、外商投资股份有限公司。

42. **旅游高等院校:** 指国家承认学历、开设旅游学院(系、专业)的普通高等院校和成人高等院校。

43. **旅游中等职业学校:** 指国家承认学历的旅游中等专业学校、旅游职业中学(高中)及开设旅游专业班的技校和普通中学。

# TECHNICAL NOTES

1. **Visitor** – refers to any person who travels to a country (or place) other than that of his or her residence for a period not exceeding 12 months for leisure, entertainment, sightseeing, holiday, visiting relatives or friends, medical care, shopping, meeting, or taking part in economic, cultural, sports or religious activities, where the main purpose of the travel is not for remuneration.

A visitor does not refer to any person who commutes between two places regularly for career or education.

According to the origin of the travel, visitors are classified as international visitors (i.e., inbound visitors) and domestic visitors. According to the length of stay, visitors are classified as tourists (i. e., overnight visitors) and same – day visitors (non – overnight visitors).

2. **Country of Residence** – refers to the country (or region) where a person resides for most of the time over the past year, or for a short period of time but then the person returns within 12 months.

3. **Place of Residence** – refers to the city (or town) where a person resides for most of the time over the past year, or for a short period of time but the person returns within 12 month. The criterion to classify whether a visitor is an international visitor or a domestic visitor is not the person's citizenship, but his or her country of residence or place of residence.

4. **International Visitors (Inbound Visitor Arrivals)** – refer to foreigners or compatriots from Hong Kong, Macao and Taiwan who come to China within the reporting time frame for sightseeing, holiday, visiting friends and relatives, medical care, shopping, meeting, or taking part in economic, cultural, sports or religious activities. Each time of entry is recorded as one time of arrival, and the total sum makes up the inbound visitor arrivals.

Inbound visitor arrivals (international visitors) include inbound (overnight) tourists and inbound same – day visitors.

5. **Inbound (overnight) tourists** – refer to those inbound visitors who stay at least for one night at tourist accommodation establishments in China.

Inbound (overnight) tourists do not include following persons:

(1) Officials of ministerial level or above and their aids and escorts who come to

visit China at the invitation of Chinese;

(2) Officials and diplomats of foreign diplomatic missions to China, including their household service people and dependents;

(3) Foreign experts, students, journalists, trade representatives who stay in China over one year;

(4) Transit passengers of international flights without going through Chinese frontier checks;

(5) Border residents;

(6) Compatriots from Hong Kong, Macao and Taiwan who reside in the mainland permanently;

(7) Foreigners who has already become residents in the country or who left the country but has returned to reside in the country;

(8) Chinese nationals who return from foreign countries.

6. **Inbound Same – day Visitors** – refer to those inbound visitors who do not stay overnight in the tourist accommodation establishments. They include visitors, drivers, crewmembers who stay overnight on board of cruise ships, yachts, trains or motor vehicles, but they do not include those compatriots from Hong Kong, Macao and Taiwan and those residents of the bordering countries who reside outside (inside) while work inside (outside) China.

7. **Domestic Visitors** – refer to Chinese nationals who travel within the country within the reporting time frame for sightseeing, holiday, visiting friends and relatives, medical care, shopping, meeting, or taking part in economic, cultural, sports or religious activities. Their purposes of travel are not for remuneration from the activities afore mentioned. Each time of their travel is recorded as one person time. Domestic visitors include domestic (overnight) tourists and domestic same – day visitors.

8. **Domestic Tourist** – refers to any residents of the country who leaves his or her usual place of residence and travels to another place within the country and stay at least one night but not exceeding 12 months at the tourist accommodation establishments, where the main purpose of the travel is not for remuneration. Domestic tourists should include those foreigners and compatriots from Hong Kong, Macao and Taiwan who reside in the country over one year; They do not include officials at the ministerial level and above on inspection trips, temporary staff members in the offices in other cities, military staff mobilized to other areas, students studying in other places of the country, government employees on field training, people who travel to another place to reside, and people without fixed residence.

9. **Domestic Same – day Visitor** – refers to a resident of the country who leaves his or her usual place of residence over 10 kilometers away for over 6 hours but less than 24 hours and does not stay overnight in the tourist accommodation establishments in other places.

10. **Citizenship** – refers to the country where the government issues the passport (or other identification documents) to a visitor.

11. **Foreigners** – refer to persons with foreign citizenship, including Chinese descents who have acquired foreign citizenship.

12. **Compatriots of Hong Kong, Macao and Taiwan** – refer to the Chinese compatriots who reside in Hong Kong Special Administrative Region, Macao Special Administrative Region and Taiwan province.

13. **Occupation** – refers to the occupation a visitor holds before the trip.

14. **Outbound Visitor (outbound departure)** – refers to a Chinese (mainland) citizen who departs from China to a foreign country (or region) for leisure, entertainment, sightseeing, holiday, visiting relatives or friends, medical care, shopping, meeting, or taking part in economic, cultural, sports or religious activities. Each time of departure is recorded as one person time. Outbound visitors include outbound (overnight) tourists and outbound same – day visitors.

15. **Outbound Tourist** – refers to a resident of the mainland who departs the country for travel and stays at least one night at the tourist accommodation establishments in another country or region.

16. **Outbound Same – day Visitor** – refers to a resident of the mainland China who makes an outbound travel for less than 24 hours and does not stay overnight in the tourist accommodation establishments in the country or region.

17. **Tourism Receipts** – all the expenditures made by visitors (inbound visitors and domestic visitors) or by representatives of the visitors in the course of their travel constitute the tourism receipts of a country (province, region, city). Tourism expenditures of visitors should include expenses made by (overnight) tourists and same – day visitors throughout their travel on transport, tours, lodging, food, shopping, entertainment, and souvenirs and gifts for friends and relatives. Tourism expenditures do not include purchases of goods, real estate, house, motor vehicle, water vessel for commercial purposes, neither include capital nor transactional investments, cash given to friends and relatives, donations to public organizations. Tourism receipts include international tourism (foreign exchange) receipts and domestic tourism receipts.

18. **International Tourism (foreign exchange) Receipts** – refer to the total expenditure made by inbound tourists within the territory of China (the mainland) in their course of travel on transport, tours and sightseeing, lodging, food and beverage, shopping, entertainment and etc.

19. **Domestic Tourism Receipts** – refer to the total expenditure made by domestic tourists within the territory of China (the mainland) in their course of travel on transport, tours and sightseeing, lodging, food and beverage, shopping, entertainment and etc.

20. **Group Inbound Visitors ("Groups" for short)** – refer to inbound tourists and

same – day visitors who travel to the mainland China as groups (usually the groups are in the form of all – inclusive packages, small packages, international conferences, cruise liners, invited groups and temporarily organized tourist groups).

21. **Number of Visitors Requiring Individual Services** – refer to inbound tourists and inbound same – day visitors who do not join in tour groups but entrust travel agents to handle travel procedures (including pick – up and seeing – off, hotel booking, ticket reservation, guide service etc). The service charges are based on those for walk – in customers.

22. **Number of Inbound Visitors Liaised by Travel Agencies** – refers to the number of inbound visitors liaised by any travel agency within the reporting time frame. It reflects the sales abilities of travel agencies. Travel agencies are required to record the number of inbound visitors according to: (1) Upon arrival, the entry of international visitors is recorded only once no matter how long they will stay and how long their itineraries are; (2) Travel agencies record only the actual arrival number of visitors liaised by the travel agencies concerned, excluding the number of visitors liaised by other travel agencies but whose visas are processed by the travel agencies concerned.

23. **Number of Inbound Visitors Received by Travel Agencies** – refers to the number of group and independent inbound tourists and inbound same – day visitors actually received by the travel agencies concerned within the reporting time frame. This indicator reflects the work load of travel agencies. It includes not only group visitors liaised and received by the travel agencies concerned but also group visitors entrusted by other travel agencies.

24. **Number of Days of Inbound Tourists Liaised by Travel Agencies** – refers to the sum of the days of actual stay of each inbound tourist liaised by travel agencies concerned in a given area within the reporting time frame.

25. **Number of Days of Inbound Tourists Received by Travel Agencies** – refers to the sum of the days of actual stay of each inbound tourist received by travel agencies concerned in a given area within the reporting time frame.

26. **Number of Domestic Group Visitors (Days)** – refer to the number of domestic group visitors (days) liaised by travel agencies within the reporting time frame. They include domestic group tourists (days) and domestic group same – day visitors (days).

27. **Number of Domestic Visitors (Days) Received by Travel Agencies** – refer to the number of domestic group visitors (days) received by travel agencies within the reporting time frame. They include domestic visitors organized and received by the travel agencies concerned and domestic visitors organized by other travel agencies but received by the travel agencies concerned.

28. **Tourist Accommodation Establishments (Hotel Industry)** – refer to all kinds of establishments that can accommodate tourists regularly or temporarily. They include star-rated hotels, apartments, inns, guesthouses, cruise ships and boats, training cen-

ters, sanatoriums, holiday resorts, campsites, private dwellings, family rental rooms and lodging facilities provided by relatives and friends.

29. **Star-Rated Hotels** – refer to accommodation establishments which are star – rated.

30. **Number of Tourists (Nights) Received at star-Rated hotels** – refers to the number of tourists (nights) received at Star-Rated hotels within the reporting time frame. No matter how many nights a tourist stays, each tourist is recorded only once. The number of nights a tourist stays at a hotel equals the number of tourist nights.

31. **Room Occupancy Rate** – refers to the number of rooms (nights) actually sold divided by the number of rooms (nights) available within the reporting time frame. The formula is as follows:

$$\text{Room Occupancy Rate (\%)} = \frac{\text{Number of Rooms (Nights) Actually Sold}}{\text{Number of Rooms (nights) available}} \times 100\%$$

32. **Actual Average Room Rate** – refers to the actual average price of rooms of tourist hotels, apartments and cruise ships. The formula goes:

Actual average room rate (Yuan/Room Day) = Room sales (Yuan) / Actual number of rooms sold days.

33. **Business Income** – incomes from business operations of an enterprise. Business income of hotels, office buildings, apartments and inns includes sales from rooms, catering, shopping, transport services and other incomes; Business income of travel agencies includes inclusive service charges, handling charges from organizing groups, odd services, labor service, ticketing service, tours and extra service charges, and other incomes; Business incomes of restaurants includes food and beverage sales, service charges, and other incomes; Incomes of consulting services provided by consultant firms are also recorded under this item.

For travel agencies (organizing companies and reception companies) handling inbound tourists, only the realized business incomes upon the departure of the tourist groups from the country (or local area) should be recorded as their business incomes; For travel agencies handling outbound tourists, only the actual realized incomes upon returning of the tourist groups should be recorded as their business income; For travel agencies handling domestic tourists, only the actual realized incomes upon returning of the tourist groups should be recorded as their business income. The business income of the travel agencies or hotels does not include that of their subsidiary enterprises which have independent accounting.

34. **Business Tax and Additional Levies** – refer to taxes and additional levies related to enterprises' business income, including business tax, urban maintenance and construction tax, and additional education levies. Business tax of hotels, apartments, restaurants should be paid based on a certain percentage of the business income; Business tax of travel agencies should be paid based on a certain percentage of net income.

35. **Operational Revenue** – refers to incomes gained from business operations. It can be understood as one type of gross profit. Operational revenue equals to business income minus business cost, business expenses, business tax and additional levies.

36. **Business Revenue** – is the main body of the gross profit. It refers to operational revenue minus management fees, accounting fees.

37. **Gross Profit** – refers to the balance of total profits and losses within a given period. This indicator reflects the final accounting result. The formula is: Gross profit = business revenue + subsidies income + investment returns + incomes from outside business activities – expenditures outside business activities. If this indicator is small than zero, it stands for loss.

38. **Original Value of Fixed Assets** – refer to the total cash value of the fixed assets of an enterprise when they are set up, purchased, installed, renovated, expanded or technically upgraded.

39. **Net Value of Fixed Assets** – refers to the balance of the original value of fixed assets and accumulated depreciation.

40. **Employment at the End of the Year** – refers to the total number of employees on the payroll at the end of the year. The employees include formal, contract, temporary staff and recruits outside planned employment.

41. **Category of Enterprise at Registration** – According to the categories of enterprises at registration with industrial and commercial registration offices and basing on the "Regulation on Classifying Categories of Enterprises at Registration" formulated by National Statistics Bureau and National Industrial and Commercial Administration Bureau, enterprises are classified into following categories: domestic – invested Enterprises, enterprises with Investment from Hong Kong, Macao, or Taiwan, foreign – invested Enterprises. Domestic – invested enterprises include state – owned enterprises, collective – owned enterprises, share holding co – operative enterprises, limited liability enterprises, limited liability shares enterprises, private enterprises, and other categories of enterprises; Enterprises with investment from Hong Kong, Macao, or Taiwan include joint – venture enterprises, co – operative enterprises, fully – Hong Kong, Macao or Taiwan – invested enterprises, and limited liability shares enterprises with Hong Kong, Macao or Taiwan investment; Foreign invested enterprises include Sino – foreign joint – venture enterprises, Sino – foreign co – operative enterprises, fully foreign invested enterprises, limited liability shares enterprises with foreign investment.

42. **Higher Learning Institutions in Tourism** – refer to ordinary higher learning institutions or adult higher learning institutions which have tourism institutes or department or specialty and which grant state recognized educational certificates.

43. **Technical Schools in Tourism** – refer to tourism technical schools, or tourism professional middle (high) schools, or other technical schools or ordinary middle schools which offer tourism courses and grant state recognized educational certificates.

责任编辑:许晓海　王　军
责任印制:李崇宝　闫立中

**图书在版编目(CIP)数据**

中国旅游统计年鉴:2002/国家旅游局编.—北京:中国旅游出版社,2002.9
ISBN 7-5032-2047-3

Ⅰ.中…　Ⅱ.国…　Ⅲ.旅游业-统计资料-中国-2002-年鉴-汉、英　Ⅳ.F592-66

中国版本图书馆CIP数据核字(2002)第065851号

**中国旅游统计年鉴:2002**

中华人民共和国国家旅游局　编

*

中国旅游出版社出版
(北京建国门内大街甲九号　100005)
北京市1201印刷厂印刷

*

开本:787×1092毫米　1/16　印张:11　字数:220千
2002年9月第一版　2002年9月第一次印刷
印数:1-5870　　定价:40.00元